AF474381

INSCRIPTION ANTIQVE DE LA VRAYE
CROIX
DE L'ABBAYE DE GRANDMONT.

Chef d'Ordre situee en la haute Marche.

AVEC VN SERMON DE LA PASSION.

Par M. FRANÇOIS OGIER

Prestre & Predicateur.

A PARIS,

Chez IEAN HENAVLT, Libraire Iuré, ruë S. Iacques, à l'Ange Gardien & S. Raphaël.

M. DC. LVIII.

Auec Approbation.

+ ΒΡΑΧΥ ΝΥΓΝΩCΑC ΥΠΝΟΝ ΕΝ ΤΗ ΔΕΝΔΡΙΑ
Ο ΠΑΜ ΒΑCΙΛΕΥC ΚΑΙ ΘΕΑΝΟC ΛΟΓΟC :-
ΠΟΙΜΗΝ ΕΠΕΒΡΑΒΕΥCΕ ΤΩ ΔΕΝΔΡΩ ΧΑΡΙΝ
ΕΜΨΥΧΕΤΑΙ ΓΑΡ ΠΑC ΠΥΡΟΥΜΕΝΟC ΝΟCΟΙC :-
Ο ΠΡΟCΠΕΦΕΥΓΩC ΤΟΙC ΤΗ ΔΕΝΔΡΙΑC ΚΛΑΔΟΙC
ΑΛΛ ΑΦΛΟΓΩΘΕΙC ΕΝ ΜΕCΗ ΜΕCΗΜΒΡΙΑ
ΕΔΡΑΜΟΝ ΗΛΘΟΝ ΤΗC ΚΛΑΔΟΙC ΥΠΟCΕΔΥΝ
ΚΑΙ CΗC ΚΙΑ ΔΕΧΟΥ ΜΕ ΚΑΙ ΚΑΜΩC CΚΕΠΕ
ΩC ΟΥC ΚΙΑΖΟΝ ΔΕΝΔΡΟΝ ΑΠΑCΑΝ ΧΘΟΝΑ :-
ΚΑΙ ΤΗΝ Α ΕΡΜΩΝ ΕΝCΤΑΛΑΖΟΝ ΜΟΙ ΔΡΟCΟΝ
ΕΚ ΔΟΥΚΙΚΗC ΦΥΕΝΤΙ ΚΑΛΛΙΔΕΝΔΡΙΑC :-
ΗC ΡΙΖΟΠΡΕΜΝΟΝ Η ΒΑCΙΛΙC ΕΙΡΗΝΗ
Η ΜΗΤΡΟΜΗΤΗΡ ΤΩΝ ΑΝΑΚΤΩΝ ΤΟ ΚΛΕΟC
ΑΛΕΞΙΟΥ ΚΡΑΤΟΥΝΤΟC ΑΥCΟΝΩΝ ΔΑΜΑΡ
ΝΑΙ ΝΑΙ ΔΥCΩΠΩ ΤΟΝ ΜΟΝ ΦΥΜΑ ΚΑ ΜΟΥ :-
Ο CΟC ΔΟΥΛΟC ΑΛΕΞΙΟC ΕΚΓΟΝΟC ΔΟΥΚΑC :- +

INSCRIPTIO CRVCIS Grandimontensis Vulgari Charactere.

Βραχὺν ὑπνώσας ὕπνον ἐν τριδενδρίᾳ
Ὁ παμβασιλεὺς καὶ Θεάνθρωπος Λόγος
Πολλὴν ἐπεβράβευσε τῷ δένδρῳ χάριν
Ἐμψύχεται γὰρ πᾶς πυρούμενος νόσοις.
Ὁ προσπεφευγὼς τοῖς τριδενδρίας κλάδοις:
Ἀλλὰ φλογωθεὶς μέσῃ μεσημβρίᾳ
Ἔδραμον, ἦλθον, τοῖς κλάδοις ὑπεισέδυν,
Καὶ σῇ σκιᾷ δέχου με καὶ καλῶς σκέπε;
Ὦ σὺ σκιάζον δένδρον ἅπασαν χθόνα
Καὶ τινὰ Ἔρμον στάλαζόν μοι δρόσον
Ἐκ Δουκικῆς φυέντι καλλιδενδρίας
Ἧς ῥιζοπρέμνων ἡ Βασιλὶς Εἰρήνη,
Ἡ Μητρομάμμη τῶν Ἀνάκτων τὸ κλέος,
Ἀλεξίου κρατοῦντος Αὐσόνων δάμαρ.
Ναὶ ναὶ, δυσωπῶ τὸν μὸν φύλακά μου
Σὸς δοῦλος Ἀλέξιος ἐκ γένους Δούκας.

VERSIO VERBO AD Verbum.

*CVm breuem dormisset somnum in tripli-
ci arbore,*
Vniuersi Rex, Deus idem ac homo, Verbum:
Multam gratiam impertitus est ligno.
*Omnis enim morbis inflammatus refrigera-
tur,*
*Quicunque confugit ad ramos triplicis ar-
boris,*
Ast ego perustus in medio meridie,
Cucurri, veni, ramos subÿ.
Tu verò vmbra tua suscipe me & pulcrè tege,
O Arbor inumbrans totam terram,
Et modicum rorem Hermon mihi instilla,
Qui ortus sum ex stirpe illustri Ducarum,
Cuius stirpis surculus est Imperatrix Irene
Mater auiæ meæ decus Regum,
Coniux Alexÿ Romanorum imperatoris,
Certè veneror te vnicum seruatorem meum,
Ego famulus tuus Alexius, origine Ducas.

TRADVCTION DE L'INSCRIPTION Grecque, de la vraye Croix de l'Abbaye de Grandmont.

LE Sauueur, Homme Dieu, sur ce mystique bois,
De trois arbres diuers, qui cōposent sa Croix,
Dormit d'vn court sommeil, mais sommeil delectable:
Depuis, à tous Mortels ce Bois est secourable,
Et quiconque est atteint de cet ardant poison,
Dont l'Aspic infernal corront nostre raison;
Qui se sent trauaillé, de ces cruelles flammes,
Qui consument nos cœurs, & qui brûlent nos ames;
Qu'il recoure à son ombre, il sentira soudain,
Raffraischir les ardeurs, qui luy rongent le sein.
Dans le cuisant midy de mes pechez sans nombre,
I'accours à son abry; i'ay recours à son ombre.

O bel Arbre, arrosé de ce sang precieux,
Que, pour nostre salut, versa le Roy des Cieux;
Voy, dessous tes rameaux ma pauure ame exposée,
Pour receuoir d'Hermon, la celeste rosée.
Alexis, Prince Grec, dont les Predecesseurs,
Du sceptre Byzantin, se virent possesseurs;
De qui le grand Ayeul est l'Empereur Comnene;
De qui la grande Ayeule est son épouse Irene,
Reine, dont la vertu fut sans comparaison,
Et l'honneur des Ducas son illustre maison:
Alexis, quoy qu'yssu de cette race illustre,
De ces Ducas fameux, n'emprunte point son lustre:
Il est plus glorieux, d'adorer cette Croix,
Que d'estre descendu d'Empereurs & de Roys.

AV LECTEVR.

LA figure que vous voyez à la teste de ce liure, represente fidellement toutes les dimensions de la Croix de Grandmont & de son inscription. Il est necessaire d'en vser ainsi, pour satisfaire aux curieux des monuments antiques, qui les veulent considerer exactement & comme dans leur original. Mais il y a des particularités, que le Graueur n'a pû representer, par aucun artifice, qu'il est besoin d'expliquer. Ce Reliquaire, est composé de deux plaques d'argent doré, iointes & addossées l'vne contre l'autre : A la partie anterieure, est inseré le Bois de la vraye Croix, en la forme & de la grandeur qu'il se voit dans nostre image, que l'on peut toucher & voir immediatement, n'ayant aucun verre, ny aucun Christal opposé, qui l'empesche. A la partie posterieure, est l'inscription, qui occupe tout le quadre de la plaque, en la maniere, que nous l'auons figurée & auec les mesmes fautes, qui s'y rencontrent, pour donner lieu, aux coniectures de ceux qui seront, peut-estre, plus heureux, ou plus ingenieux que nous, à les corriger. Il est à remarquer, que cette plaque posterieure, se couppe par moitié & se peut leuer, à l'effet sans doute, de descouurir, vne espece de mastic, qui se trouue estendu & couché, entre les deux plaques. Cette composition, est d'vne odeur merueilleusement douce & agreable ; & ce qui est de plus estonnant, est qu'elle dure en sa force, depuis tant de siecles, quoy qu'elle ait tousiours esté en vne Eglise extremement humide. Neaumoins, si c'est vray Baûme, comme il y a bien de l'apparence, ce n'est pas merueille, que l'humidité contribuë à la conseruation de son odeur, puisque les Naturalistes obseruent, que cet arbre & son fruict, aiment beaucoup cette temperature.

Ce Reliquaire, tel que nous l'auons dépeint, est enclos dans vn étuy ou vne boüette d'argent doré, tellement ajustée, que le contenant n'est gueres plus grand que le contenu, excepté qu'elle finit par le haut en pyramide, & qu'au bas, il y a vn tuiau par derriere, dans lequel on l'enchaſſe ſur vn pied, dont la baze eſt ornée & enrichie de ſapphirs, de rubis, de grenats & autres pierres de valeur. Cette boüette s'ouure par deux battans, qui dans leur ouuerture, découurent le Reliquaire du coſté de la vraye Croix: Sur les battans en dedans ſont les figures de Saint Pierre & de Saint Paul; & ſur le dehors, ſont graués ces vers rimés, en lettre Gottique, qui témoignent bien plus la deuotion & la ſimplicité de ce bon ſiecle, où ils ont eſté compoſez, que ſon induſtrie & ſon élegance.

Qui sẽper viuit, cum mortem ſponte ſubiuit,
Mors vitam genuit, mors nece trita fuit.
Lux caligauit, pax vera crucem tolerauit.
Nox ſua, noſtra dies; Crux ſua, noſtra quies.

Crux plaſmatoris, via pacis, meta laboris,
Mors ſaluatoris, mors mortis, culmen honoris.
Crux pretioſa vale, mundi pretium ſpeciale.
Crux reuerenda vale, populi decus Imperiale.

A la partie poſterieure de la meſme

boüette, ſont pareillement grauez ces autres vers, qui apparemment ſont de la meſme fabrique & du meſme Poëte.

Rex Almaricus ſit ſummi regis amicus.

Et le reſte qu'il n'eſt pas beſoin d'adiouſter, puis qu'ils ſont alleguez tout du long dans le diſcours ſuiuant.

A TRES
REVEREND PERE EN DIEV,
MESSIRE ANTOINE
DE CHAVAROCHE,
ABBE' ET GENERAL
DE L'ORDRE
DE GRANDMONT.

ONSIEVR,

Le ſoin que vous apportez à la publication de voſtre beau Reliquaire de la vraye Croix, n'eſt pas moins l'effet de voſtre pieté, que de l'affection que vous auez pour les bonnes Lettres. Il ne ſe peut faire, que la veuë de l'image d'vne choſe ſi ſainte, & d'vne portion ſi grande, & ſi notable de ce bois ſacré, que Dieu a voulu employer pour ſeruir d'organe à noſtre Redemption, ne réueille dans le cœur des fidelles, la veneration de ce grand myſtere. Ce deuot objet, aura d'autant plus d'influence ſur les Ames pieuſes, que vôtre Croix eſt autoriſée par ſon antiquité, & qu'elle vous vient d'vne main, qui a porté le Sceptre, dans le lieu même où elle a eſté premierement éleuée. De vray, elle vous a eſté donnée par vn Roy de Ieruſalem, apportée par vn Eueſque, premier Suffragant de ce Siege Patriarchal, & ie ne fais point de doute, que ce n'eſtoit l'vne des plus anciennes qui ſoit en France. La

Croix qui est dans le Thresor de S. Denis, a esté donnée à Philippe Auguste, par Baudoüin I. Empereur de Constantinople, l'an 1205. Celle que S. Loüis a déposée, auec tant de magnificence, dans la sainte Chapelle de Paris, vient de Baudoüin II. &fut retirée des mains des Venitiens auec la Couronne d'Espines, l'an 1240. Ces deux grands Rois, firent faire des Reliquaires nouueaux à ce bois sacré, & l'enrichirent d'or, de perles, & de pierres precieuses : Le vostre, que vous possedez dés l'an 1174. est seulement d'argent doré, & garde encore toutes les marques de son antiquité, principalement dans cette rare Inscription Grecque, qui s'y trouue grauée en si beaux caracteres. C'est par l'édition d'vne piece si curieuse, qu'apres auoir obligé les Ames deuotes, vous obligez encore les doctes & les eſprits qui ſe plaiſent à la recherche de ces anciens monumens, qui nous conſeruent la memoire des choſes paſſées. Mais comme tout le monde n'entend pas les Langues eſtrangeres, & que vous deſirez, que tous nos compatriotes ayent part à voſtre bienfait; Vous auez voulu que l'explication s'en fiſt en François. Il m'eût eſté ſans doute plus commode, & plus facile de la faire en Latin: Ces matieres, ou il entre tant de remarques, & d'allegations differentes, & ces notes de Critique, que l'inſcription exige de moy, ſe déméleroient, ce me ſemble, bien plus agreablement, & plus commodément en cette langue. Mais ie ne veux pas reſtraindre vôtre liberalité, ny enuier à aucun de nos Concitoyens, le preſent que vous leur voulez faire : encore moins veux-je m'excuser de ce trauail, en vous indiquant quelqu'vn de nos sçauans amis, qui s'en acquiteroit mieux que moy. Au contraire, i'aduoüe ingenument, que si vous auiez donné cette commission à vn autre ; ie ne prendrois pas tant ce choix, pour vne défiance de mon industrie, que pour vne iniure faite à nostre ancienne & sincere amitié. Il me semble, MONSIEVR, qu'elle me rend capable de tout entreprendre, quãd il est question de vous seruir ; & dans cette pensée, ie vas trauailler auec plus de confiance à l'histoire de vôtre sainte Croix, & à l'explication de son Inscription antique.

Les Archiues de vôtre Abbaye, qui sont les gardes fidelles de vos Antiquitez, & le thresor des exemples de la pieté de vos Majeurs, parlent ainsi. *Anno* 1174. *tempore Guillelmi sexti Prioris Grandimontis ; susceptio viuificæ Crucis, pridie Kalendas Junij, quam prædictus Rex Amalricus, cum aureo contulit Phylacterio, & diuina inspiratione illuminatus, eandem per Bernardum Venerabilem Liddensem Episcopum, apud Grandimontem direxit : vbi à Priore prænominato, & vniuersis fratribus, cum omni honore, & deuotione suscepta est, & communi Prioris, & Fratrum consilio sancitum, vt si quis, vel totam crucem, vel aliquid de ipsa, à loco Grandimontis transmutare, vel subtrahere præsumpserit, Anathema sit.*

L'an 1174. du temps de Guillaume V I. Prieur de Grandmont (les Generaux de vôtre Ordre ne portoient pas encore la qualité d'Abbez) le dernier iour du moïs de May, fut receuë en cette maison, la vraye Croix, qu'Amaury Roy de Ierusalem, poussé d'vne sainte inspiration, enuoya à Grandmont, par Bernard le Venerable Euesque de Lidde, dans vn Reliquaire precieux. Il fut receu par le Prieur, & par tous les Freres du Conuent, auec toute sorte d'honneur & de deuotion, & ordonné par le consentement de tout le Chapitre, que si quelqu'vn estoit si temeraire, d'oster tant soit peu de ce bois sacré, ou de le transporter en vn autre lieu, il seroit separé de la Communion des Freres, & tenu pour Anatheme.

Ces mesmes Registres adjoûtent, que ce Roy Amaury deceda 5. *Idus Julij* 1173. & ie ne doute point, MONSIEVR, que le iour de son deceds n'ait esté marqué ainsi curieusement, & qu'il ne se trouue de la mesme sorte sur vôtre Necrologe, afin de celebrer son Anniuersaire, & faire son Obit, en reconnoissance de ce bien fait, & de sa pieuse liberalité. Or vous ne deuez point estre en doute de la fidelité de cette datte, puis qu'elle se trouue confirmée aux mesmes termes, par Guillaume Archeuesque de Tyr, liure 20. de son histoire, tout à la fin. *Mortuus est autem Amalricus anno ab Incarnat.* 1173. 5. *Idus Iulij*, *regni* 12. *mens.* 5. *ætatis verò* 38. Vous auez donc receu ce rare present, vnze mois ou enuiron apres sa mort: Ce qui me fait croire, que c'est vne espece de legs testamentaire, que ce Prince a fait à vôtre Abbaye, à laquelle, sans doute, il auoit quelque deuotion particuliere.

La reputation de la sainteté de son Fondateur S. Estienne, & de la vie exemplaire de ſes Religieux, pouuoit facilement eſtre paruenuë iuſques en Orient : Les pelerinages frequens des Latins ; ie veux dire des peuples Occidentaux , & principalement des François, depuis que les Princes de leur Nation regnerent dans la Terre-Sainte, ne leur permettoient pas d'ignorer les affaires, les vns des autres. Les Religieux n'eſtoient pas les plus pareſſeux dans ces voyages, & il eſt croyable, que les Grammontains, ne ſont pas demeurés les derniers, dans ces exercices de pieté. D'ailleurs Amaury auoit grand commerce en France ; tant parce qu'il en eſtoit originaire , comme fils de Foulques Comte d'Anjou & de Touraine ; Roy de Ieruſalem, en qualité de gendre de Baudoüin II. que d'autant que la neceſſité des affaires de la Terre-Sainte, l'obligeoit d'y enuoyer souuent des Deputations & des Ambassades. Or ces Deputés & ces Ambassadeurs, étoiẽt ordinairement des Prelats & des Euesques. Nous trouuons dans le Liure intitulé, *Gesta Dei per Francos*, les Lettres de creance, de l'Archeuesque de Mamistrie, ville de Cilicie, Ambassadeur de ce mesme Amaury, pour traiter du secours de la Terre-Sainte, auec nostre Loüis VII. Ce qui nous doit faire moins estonner, que cét Euesque de Lidde Bernard, soit venu en personne à Grandmont, pour y presenter ce Reliquaire de la vraye Croix. Car il estoit sans doute, deputé ou d'Amaury, ou de Baudoüin IV. son Successeur & son fils, en ces païs de deçà, pour inuiter nos Rois & nos grands Seigneurs, à secourir le

Royaume de Ierusalem, dont l'Empire estoit en mauuais estat & panchoit bien fort à sa ruine : Quoy que ie ne doute pas aussi qu'il n'eût commission particuliere, pour le fait de cette Croix & pour acquitter la conscience & le Testament de son Maistre. L'Inscription Latine, que vos anciens Peres ont fait grauer, sur la boëte d'argent, qui l'enferme, fauorise & confirme ma coniecture. Les termes ausquels elle est conceuë, parlent clairement d'vn Prince defunt, & à vray dire, sont des prieres pour l'ame du feu Roy Amaury.

Rex Amalricus, sit summi Regis amicus :
Propter dona Crucis, donetur munere lucis ;
Quando Crucem misit, nos Christi gratia visit.

Huic iocundemur, vigilesque Deum veneremur,

Regia miremur, Regem pro Rege precemur,

Christo iungatur, quicumque Crucem veneratur.

Nec pars, nec tota sit Grandimonte remota;

Qui scelus istud aget, Deus hunc anathemate plaget.

Voilà donc la datte, marquée dans vos Registres, bien iustifiée, puis qu'elle est entierement conforme à l'Histoire de Guillaume de Tyr, Contemporain du Roy Amaury, & si consideré de ce Prince, à cause de sa suffisance & de son merite, qu'il luy confia l'éducation de son fils & de son successeur Baudouin.

Venons maintenant à vostre Inscription Grecque, que ie ne reciteray point en ce lieu, puis qu'elle se trouue à la teste de ce discours, & cómençons par les personnes dont il y est fait mentió. I'en trouue quatre, si ie ne me trompe, & le nó d'vne Famille, qui pourroit passer pour la cinquiéme. Les voicy dans l'ordre qu'elles y sont nommées. I. l'Imperatrice Irene. II. la grand'-Mere de celui qui a composé l'inscription & fait fabriquer le Reliquaire, fille d'Irene & d'Alexius son mary, dont le nom n'est point exprimé. III. le mesme Alexius, surnommé Comnene, Empereur de Constantinople. IV. Vn autre Alexius, Auteur de l'inscription & du Reliquaire, petit fils de la fille d'Alexius & d'Irene. V. Ducas, qui n'est pas tant le nom propre, que le surnom de la Famille, dont est sorty ce dernier Alexius.

Or quant à Alexius l'Empereur

& Irene sa femme, il n'est pas difficile de vous en dire des nouuelles: Les histoires de leur temps & particulierement celle qui a esté écrite si elegamment, par leur propre fille Alexia Comnena, peut satisfaire pleinement à vostre curiosité. L'Imprimerie du Louure nous a donné, depuis peu, cette excellente piece toute entiere, dont nous n'auions veu iusqu'à present, que quelques Liures, ou plutost quelques fragmens tirez de la Bibliotheque d'Ausbourg. Il suffit de remarquer en ce lieu, pour l'intelligence de l'âge de nostre inscription; que le regne de cét Empereur, s'est rencontré du temps de la conqueste de la Terre-Sainte, par Godefroy de Bouïllon, & qu'il est decedé l'an 1117.

Il ne m'est pas si facile de vous

éclaircir, quel est son arriere-petit fils, Alexius auteur de vostre inscription; & à dire le vray, ie m'y trouue bien empesché. Il appelle Irene sa grande ayeule, ou mere de sa grande mere. Μητρομάμμην. Ie lis bien dans Nicetas, que cette Imperatrice, entr'autres enfans, a eu quatre filles de son mary l'Empereur Alexius; mais ie n'en ay encore découuert le nom que de deux, qui à mon auis, ne peuuent estre ny l'vne ny l'autre, l'ayeule de l'Alexius dont il est question. La premiere est Alexia Comnena, cette sçauante Princesse, dont ie viens de parler, femme de Nicephorus, qui paruint à la dignité de Cesar (pour parler aux termes de la Cour de Constantinople de ce temps-là) & qui estoit de la maison des Briensniens; & ie croyois mesme qu'elle n'en auoit laissé aucuns enfans : au moins il ne me souuient point d'en auoir remarqué aucun vestige, dans la lecture de son histoire. Mais quand ma perfide memoire m'auroit trompé, comme il y a bien de l'apparence, puis qu'il est mention de ses enfans, dans quelques Auteurs de son Siecle; il est toûjours certain que nostre Alexius, ne sçauroit estre de ses descendans ; puis qu'il se dit de la maison des Ducas, & non de celle des Brienniens.

La seconde fille d'Irene, dont i'ay rencontré le nom, est Theodora femme de Constantin Angelus, de qui Nicetas fait mention dans la vie de l'Empereur Manuël Comnene, liure 2. de son histoire, & à vous dire le vray, il me sembla d'abord, que i'auois rencontré le grand pere & la grande mere de nostre

nostre homme, dautant que ce Constantin est appellé Duc ; & ie creu facilement que le Traducteur, auoit fait du nom d'vne famille, qui est Ducas, le nom d'vne qualité & d'vn tiltre, qui est Duc, à cause de l'affinité de ces termes Δοὺξ & Δοῦκας; car les Grecs ont retenu quantité de termes Latins, & principalement ceux qui concernent les noms des Offices & des Dignitez, quand l'Empire passa de Rome à Bizance, auec le Grand Constantin : Entr'autres celuy de Duc, leur est fort familier, & il n'y a rien si frequent dans leurs histoires, pour designer vn Chef & vn General d'armée. Mais depuis, mon soupçon m'a paru mal fondé, & i'ay creu, que ie deuois faire satisfaction à Monsieur le Loup, qui a traduit Nicetas. Ceux qui n'ont pas demeuré cinq ans à Munster, auec Monsieur d'Auaux, comme vous & moy, ne sçauent pas, qu'vn Loup s'appelle Vvolfius, en Alleman Latinisé. Soit donc, que ce sçauant Traducteur s'appelle, Mein Herr Vvolff, ou Monsieur le Loup; ie reconnois, que ie l'accuse à tort. Le Grec nomme ce Constantin Angelus, ἡγέμονα; ce qui me déloge de ma coniecture, & luy par consequent de la famille des Ducas. En effet, il n'en peut estre, puisque l'histoire le qualifie homme de petite noblesse & de mediocre extraction; ce qui ne se peut dire d'vne Famille establie, déja deux fois, sur le thrône de l'Empire, en la personne de Constantin & de Michel Ducas, & qui par l'espace de deux cens ans, a regné presque alternatiuement, à Constantinople, auec celle des Comnenes. Il faut donc recourir ailleurs, pour trouuer l'homme que nous cherchons.

Or apres auoir couru bien du païs, dans l'hiſtoire d'Anna Comnena, de Nicetas, de Georgius Acropolites & de Ioël ; ie ne trouue qu'vn Alexius Ducas , qui puiſſe eſtre le voſtre, auec quelque apparence. Ie ſerois bien marry pourtant, que ce mal-heureux & cruel Alexius, ſurnommé Murſuphle, fût l'auteur de voſtre Reliquaire & de ſon inſcription. C'eſt ce miſerable, qui tua ſon Maiſtre, pour regner à ſa place, l'eſpace de ſoixante iours; puis en ſuite, apres auoir eu les yeux creuez, eſtre precipité du haut d'vne colomne, dans la place publique de Conſtantinople. A vous dire le vray , ſi on luy donne ſeulement cinquante ans de vie, il peut eſtre noſtre Alexius Ducas. Son ſupplice & la priſe de Conſtantinople, par les Latins ; c'eſt à dire par les François & les Venitiens, échet en l'an 1204. & ie ne fais pas de doute, que voſtre Croix n'ait eſté apportée de Conſtantinople en Ieruſalem, l'an 1167. C'eſt la date du mariage d'Amaury & de Matilde, ſelon vos memoires; mais de Marie, ſelon Guillaume de Tyr; petite Niepce de l'Empereur Manuël, qui ſuiuant la deuotion ordinaire de cette famille Imperiale, s'eſtoit ſans doute, accompagnée de ce precieux gage. Peut-eſtre auſſi, eſtoit-ce vn preſent de nopces, qui luy auoit eſté fait par ſon couſin Alexius Ducas.

Venons maintenant à noſtre calcul : Il n'y a que trente ſept ans, entre ces deux termes : ce qui rend a choſe bi en vray ſemblable. Vn ieune Prince de quinze ou de vingt ans, peut auoir donné ce Reliquaire, & composé ces Vers, qui ne sont point d'vn si haut stile, mesmement en sa langue maternelle. Mais les compositions d'vne main si noble, sont tousiours considerables : nous lisons encore aujourd'huy dans nôtre Ronsard, auec veneration, des Vers du Roy Charles IX. qui ne sont pas fort bons. Pour peu, qu'vn grand Prince ait de genie à la poësie, on en fait incontinent vn Apollon, & tous les lauriers de Parnasse ne suffisent pas, pour luy faire des Couronnes.

Que si toutefois le mot de Μητρογράμμη, se doit prendre seulement pour grand'-mere, comme estiment quelques-vns de mes doctes Consultans, & non pour Bisayeule; Il n'y a gueres d'apparence, que cét Alexius icy ſoit le cruel, & le miſerable Murſuphle, puiſque entre la mort d'Alexius l'ancien, Empereur & mary d'Irene, qu'il feroit ſeulement ſa grand'-mere; & la ſienne propre, il ſe trouueroit enuiron 114. ans qui ne peuuent eſtre probablement remplis, par ſa propre mere, ny par luy; veu meſme qu'il n'eſt pas mort de vieilleſſe. Ie luy donnerois donc volontiers l'excluſion, & ie ſerois rauy, qu'vn criminel de leze Majeſté, vn meurtrier de ſon Souuerain, vn vſurpateur d'vn Empire de ſi peu de iours, ne fût point l'auteur d'vne poëſie ſi deuote, & d'vn Reliquaire ſi venerable: Encore que ſi cela eſtoit, vôtre vraye Croix n'en ſeroit pas moins adorable. Elle a eſté autrefois entre les mains des Payens, & des Prophanes: Elle a eſté, pluſieurs ſiecles, enfoüie dans la terre, & l'on a erigé ſur elle l'Idole de Iupiter : Mais la baſe enfin, a renuerſé la ſtatuë, & s'eſt éleuée au deſſus des Couronnes & des Diadêmes. Les Empereurs & les Rois, ſe proſternent deuant elle, & la tiennent pour la protection, & la tutelle de leurs Eſtats. Il importe peu quel eſt l'Orfevre qui l'a miſe en œuure ; quel eſt le Poëte qui a composé vos Vers : Il faut toûjours bien interpreter ſon zele, & croire pieuſement, qu'il a été beaucoup meilleur que ſa poëſie. Il s'y trouue en effet quelques deffauts dans la meſure ; mais cela eſt reparé par la grandeur & la dignité d'vn Poëte, d'vne maiſon ſi illuſtre, que celle des Ducas. Soit donc que ce ſoit Alexius ſurnommé Murſuphle, ou vn autre que ie ne puis découurir ; c'eſt tout ce que ie vous puis dire, des perſonnes mentionnées dans vôtre Inſcription.

En cét endroit, MONSIEVR, la bonne foy m'oblige de vous dire, que ie ne ſuis pas de ceux, qui ont de la peine à ſe retracter d'vn erreur. *Hippocrates clarus arte medicinæ, videtur mihi honeſtiſſimè feciſſe, qui quoſdam errores ſuos, ne poſteri errarent, confeſſus eſt.* Ie reçois la verité à bras ouuerts, ſoit que ie la trouue, ſoit qu'on me la preſente: Mais auſſi il n'eſt pas raiſonnable de ſe rendre aux premieres apparences, qui, ſi elles ne ſont accompagnées de bonnes preuues, nous font ſouuent quitter le vray, pour le vray-ſemblable. Comme i'écriuois cecy, ie ſuis tombé ſur des Genealogies, qu'on a miſes en ſuite de l'hiſtoire de Niceph. Gregoras. Elles m'apprennent, que la Famille des Anges, & celle de Ducas, eſt cenſée là-meſme, à cauſe des frequentes & eſtroittes alliances, qui ont eſté contractées, entre ces deux Maiſons, & par conſequent, qu'il ne faut point aller chercher auec tant de difficultez, vôtre Alexius Ducas. Le voicy tout trouué, & dans vn degré de naiſſance, qui s'accorde parfaitement, auec vôtre Inſcription. Conſtantin Angelus, dont ie vous ay parlé, épousé Theodore fille d'Irene, & d'Alexius Empereur, dont naît entr'autres Andronique; celuy-cy a deux enfans, tous deux Empereurs, Iſaacius & Alexius. Voicy ſans doute vôtre homme, puiſque Irene eſt ſa Μητρομάμμη, mere de ſa grand'-mere.

Il me reſte ſeulement deux ſcrupules. L'vn que i'ay déja touché; qui eſt que ſi ce Conſtantin eſt de la

Famille des Ducas, qui auoit déja par deux fois porté le Sceptre de l'Empire, comme i'ay obſerué ; il faut neceſſairement démentir Nicetas, qui le fait paſſer pour vn homme nouueau, natif de Philadelphe, & d'vne maiſon peu conſiderable, qui à peine pouuoit paſſer pour Noble. Il faut démentir encore Zonare, qui en parle comme d'vn homme, qui n'eſtoit pas d'vne race fort illuſtre, & qui s'eſtoit rendu ſeulement conſiderable à la fille de l'Empereur, par le merite de ſa taille, & de ſa bonne mine.

En ſecond lieu ; ſi la Famille des Angeli, étoit la meſme que celle des Ducas ; Pourquoy Alexius Angelus petit fils de ce Conſtantin qui paruint à l'Empire, homme vain & ambitieux, pour cacher la baſſeſſe de ſon extraction, comme obſerue

Nicetas, eût il voulu quitter ſon nom d'Angelus, pour prendre celuy de Comnene, qui ne luy appartenoit pas? N'eût-il pas mieux ſatisfait à ſon ambition & à ſa vanité, de retenir celuy de Ducas, qui luy étoit paternel & familier? Pouuoit-il receuoir plus d'auantage d'vn nom eſtranger, quoy que noble, que d'vn nom domeſtique, qui auoit été rendu auſſi noble & illuſtre, par la poſſeſſion de l'Empire, que celuy des Comnenes? Ie vous aduouë, que ces conſiderations m'empeſchent de croire, que la Famille des Ducas, & des Angeli ſoit la meſme; & par conſequent ie ne puis conſentir, que cét Alexius cy ſoit le vôtre; quoy que les degrés de ſa Genealogie, declarent Irene ſa Μητρομάμμη, ſa Biſayeule maternelle.

Neantmoins, à vous dire le vray;

ie ne ſçay que répondre à vne objection, que l'on me peut faire en ſa faueur; qui eſt que ſon Oncle paternel, ὁ πρὸς πατρὸς θεῖος, comme l'appelle Nicetas, Ioannes Sebaſtocrator, eſt ſurnommé Ducas, par le meſme auteur, dans ſon hiſtoire. I'aduouë, que cette difficulté m'embarraſſe, & que ie ne vois point d'euaſion raiſonnable, pour en échapper; ſi dauanture ce Ioannes, qui eſt Angelus de ſon eſtoc, n'a pris le nom de Ducas, ou par adoption, ou par alliance de mariage, auec cette famille. Ce que ie n'aduance pas ſans fondement, puiſque Ioan. Heroldus, qui a dreſſé les Genealogies qui ſe trouuent à la fin de Nicephorus Gregoras, parle ainſi d'vne Princeſſe de la Famille des Ducas. *Zoë Conſtantini Ducæ Filia, quæ, vt in familiam Ducarum adop-*

taretur maritus, effecit. Hinc eorum posteri, nunc Ducæ, nunc Angeli vocantur. Ie ne me ſuis pas donné le loiſir de chercher, de quel endroit il a tiré cette hiſtoire ; mais ie ne doute point, qu'elle ne ſoit veritable & par conſequent, que Ioannes Sebaſtocrator, ne puiſſe eſtre appellé Ducas, pour vne raiſon pareille, (ſi luy-même, il n'eſt peut-eſtre, le mary de cette Zoë) ſans que ce nom tire à conſequence, pour ſon neueu l'Empereur Alexius, qui demeure touſiours ſeulement de la Famille des Anges. Ainſi il ne peut eſtre l'Auteur de vôtre Reliquaire. Car de dire que deſcendant d'Irene, qui étoit de la Famille des Ducas, par ſa grand'-mere Theodora, il ait mieux aymé s'appeller Ducas qu'Angelus ; il n'y a point d'apparence : car pourquoy n'eût-il pas pris plûtôt le nom de Comnene, de son Bisayeul Alexius, comme il fit depuis en effet, quand il fut paruenu à l'Empire?

Ie vois bien, MONSIEVR, que ie ne vous donne aucune bonne resolution sur cette affaire, & que ie vous laisse tousiours dans l'incertitude, mais i'ayme mieux en ces occasions, estre Historien Ephectique, que Dogmatique, & vous proposer deux aduis, pour en faire le choix, que de vous faire passer mes doutes, pour des veritez indubitables. Quoy qu'il en soit, c'est tout ce que ie vous puis dire des personnes mentionnées, dans vôtre Inscription : Venons maintenant à quelques difficultez verbales de son texte, qu'il n'est pas besoin de repeter en ce lieu, puisque nous l'auons mise à la teste de ce discours, en deux differents caracteres, & en deux manieres differentes.

'Εν τελδευδρία: Il dit que Iesus Christ a dormi d'vn court sommeil, dans l'arbre triple, ou plustôt dans l'arbre à trois especes. Pour l'intelligence de ce terme, il faut obseruer, que quelques anciens ont creu, que la Croix de Iesus-Christ auoit été fabriquée de plusieurs bois differens; mais laissant pour le present, les Latins à part; Les Grecs ont estimé, qu'elle auoit été composée de Pin, de Cyprez & de Cedre: Il se trouue vne ancienne Inscription dans Gretser tom. 3. l. 5. *De Cruce;* fort semblable à la vôtre, qui en fait mention expresse; & ie croy que vous trouueriez à redire à ma diligence, si ie ne la transcriuois en ce lieu. Le Poëte introduit l'Espouse du Cantique, qui cherche l'endroit, où ſon cher Eſpoux repoſe en plein midy, & qui le trouue ſommeillant, dans les bras de la Croix.

Ζητοῦσα τὴν σὴν ὄψιν, ἅγιε νυμφίε,
Καὶ ψηλαφῶσα ποῦ νέμεις, καὶ ποῦ μένεις,
Καὶ ποῦ καθυπνοῖς ἐν μέσῃ μεσημβρείᾳ,
Ἔγνων ἐφυπνώττοντα τῇ τριδενδρίᾳ
Πεύκῃ, τὰ δένδρα κυπάρεισσος καὶ κέδρος:
Αἶ αἶ γλυκὺν τὸν ὕπνον ὑπνοῖς, ἀλλ᾽ ὅμως
Φθάσας πρὸς ἀντίληψιν, ἀνάστηθι μοι.

Cherchant, ô cher Eſpoux, cét aymable ſejour,
Où tu pais tes troupeaux, à la chaleur du iour,
Où tu prens ton repos plus doux, & plus tranquille:
Ie t'ay trouué dormant, deſſus ce triſte bois,
Qui compoſe ta Croix;
D'vn Cedre du Liban, d'vn Cypres infertile,

D'vn

D'vn Pin, qui de ſon chef va menaçant les Cieux.
Ce ſommeil t'eſt bien doux, & te plaiſt à merueille ;
Mais permets, Cher Eſpoux, permets que ie t'éueille,
Et pour me ſecourir, deſſille vn peu tes yeux.

Vous voyez, MONSIEVR, que ie n'ay pas oublié mon ancien exercice, & vous vous ſouuenez bien, comme i'abuſois de vôtre facilité, durant le cours de nos voyages. En effet, n'eſtoit-ce pas bien abuſer de vôtre bonté, que de vous donner à garder mes Vers, à meſure que ie les compoſois; & n'auiez-vous pas bien de la condeſcendance pour mes reſueries, de quitter vos meditations, pour ſecourir l'infidelité de ma memoire? Ie vous dois, en verité, tout ce qui en eſt reſté dans mon Ephemeride, & ce qui ſeruoit quelquefois d'agreable diuertiſſement à nôtre cher Monſieur d'Auaux : Il me pardonnera bien, & vous auſſi, MONSIEVR, ſi ie laiſſe en arriere tous les Epithetes ſuperlatifs qu'il merite, pour me contenter de celuy, qui exprime le mieux, le ſentiment que nous auions, pour la rare vertu, & l'incomparable merite de ce grãd homme. Reuenons à nôtre Croix, & taſchons de porter patiemment celle qu'il a pleu à Dieu de nous impoſer, par la perte d'vne ſi chere teſte.

Πᾶς πυρούμενος : Quiconque eſt brûlé, &c. Il fait alluſion, ce me ſemble, à ceux qui picquez mortellement par ces ſerpens de feu, dont il eſt mention aux Nombres 21. gueriſſoient de leurs bleſſures, en iettant les yeux ſur le ſerpent d'airain, ſuſpendu par Moyſe dans le deſert, qui eſtoit la figure de Ieſus-Chriſt attaché à la Croix, Ioan. 14.

Καὶ πινὰ Ἕρμων: L'honneſte homme, dont vous m'auez enuoyé l'interprétation, & qui pouuoit nous diſpenſer, en partie, d'en faire vne nouuelle, s'eſt trompé de lire ἔρνον au lieu d'ἕρμων, & ie croyois que le graueur de l'Inſcription auoit eſté cauſe de ce méconte. Il y a long-temps que les Doctes ſe ſont plaints, de l'ignorance de tels Ouuriers: Dés le ſiecle de Strabon, les erreurs de leur burin ont eſté remarquées, comme la cauſe de beaucoup de fautes, dans les anciennes Hiſtoires. Δρόσος ἕρμων, dont parle nôtre Poëte, ne peut être raiſonnablement entendu d'autre choſe, que de la roſée, qui deſcend de la montagne d'Hermon, dont il eſt mention au Pſal. 132. qui repreſente myſtiquement, le Sang de Ieſus-Chriſt. Alexius deſire d'eſtre couuert de l'ombre, de l'arbre, qui eſt la Croix; puis en ſuite, d'eſtre laué de la roſée qui tombe d'Hermon; c'eſt à dire du Sang, de celuy qui eſt attaché à cét arbre, pour la Redemption des hommes. C'eſt le meſme ſentiment de S. Auguſtin, touchant cette roſée. *Hermon interpretari dicitur lumen exaltatum; à Chriſto ergo ros; nam nullum lumen exaltatum, niſi Chriſtus in Cruce, &c. Quicumque vultis habitare in vnum, optate rorem iſtum; compluimini inde.* Dailleurs l'acception du mot ἔρνος, entant qu'il ſignifie vn rameau, vn rejetton, ne peut conuenir en ce lieu, ny s'ajuſter à la conſtruction des paroles, ny precedentes, ny ſuiuantes.

Μητρομάμμη. Μάμμη eſt la grand'-Mere : Μητρομάμμη eſt dont la mere de la grand'-Mere, ou la Bisayeule. Cette explication supposée veritable, comme il y a bien de l'apparence; ie n'ose presque plus douter, qu'Alexius Ducas, surnommé Mursuphle (c'est à dire en jargõ de Constantinople, qui a les sourcis continus, & ioints l'vn à l'autre) ne soit l'Auteur de vôtre Reliquaire. Il se trouue cent ans, ou enuiron, entre l'Imperatrice Irene, dont il parle, & qu'il dit estre sa Bisayeule, & luy. C'est l'interualle de tẽps, & le nombre d'années, que l'on dõne raisonnablement, à quatre generations. Si toutesfois vous aymez mieux, Alexius Angelus, qu'Alexius Mursuphle, vous ne perdez rien au change. On seroit bien empesché de vous dire, qu'el estoit le plus scelerat de ces deux hommes, qui paruindrent à l'Empire, par des voyes abominables : l'vn arrachant les yeux à ſon frere ; & l'autre la vie à ſon couſin.

Κρατοῦντος Αὐσόνων : Les Empereurs de Conſtantinople , s'appelloient touſiours Empereurs des Romains : ſoit qu'à cauſe que Conſtantinople étoit la nouuelle Rome ; ſoit à cauſe du droit qu'ils pretendoient auoir ſur l'ancienne , & ſur tout l'Empire Romain , dont leurs Predeceſſeurs auoient ioüy. Iuſques-là, qu'ils ne vouloient pas reconnoiſtre pour legitimes Empereurs , les Succeſſeurs de Charlemagne, auſquels ils refuſoient ce nom & cette qualité. Nous auons dans les recueils d'André du Cheſne , vne longue Epiſtre Apologetique de Loüis II. Empereur d'Occidēt, dans laquelle il ſe plaint amerement , de Baſile le Macedonien , Empereur de Conſtantinople, de ce qu'il luy refuſe ce titre , qui luy est acquis, par la vertu de ses Peres, & par la déference du peuple Romain, & des Souuerains Pontifes.

Τὸν μὸν: Il faut lire, & la mesure du Vers l'exige ainsi, τὸν μόνον φύλακα μȣ̃, mon seul Gardien, mon seul Sauueur.

Au seiziéme & dernier Vers ἐντευ̃ς: Voicy l'endroit le plus difficile de toute la piece, & qui nous a donné plus de peine à entendre. Car de dire que ce mot ἐντευ̃ς est l'adjectif & l'epithete de Δȣ́κας, il n'y a point d'apparence. L'vn est au genitif, l'autre au nominatif. Mais quand on liroit Δȣ́κα au genitif, & que l'on sousentendroit υἱος, façon de parler ordinaire aux Grecs; Alexius fils de Ducas; la correction n'en seroit pas soûtenable. Ducas est vn surnom de famille, & non pas vn nom propre. Il faudroit toûjours deuiner, de quel Ducas il ſeroit iſſu. Peut-eſtre dira-t'on, que l'epithete, εὐτελοῦς, en fait la difference indiuiduelle, & que c'eſt comme vne marque & vne liurée, qui deſigne particulierement l'homme, dont il parle. Mais cela ne ſe peut dire raiſonnablement. La ſignification de ce mot, n'eſt pas aſſez ſpecieuſe, & à vray dire, eſt trop baſſe pour ſeruir de denomination ſpeciale, à vn grand Prince, tel qu'eſtoit indubitablement, le Pere de nôtre Alexius, ſoit Angelus, ſoit Murſuphle.

Si c'eſt vn Ioannes Ducas, dont parle Nicetas, comme il y a lieu de le croire; outre qu'il étoit Oncle de l'Empereur, il étoit encore pourueu d'vn des premiers Offices de la Couronne. En effet, le Sebaſtocrator, qui eſt ſa qualité, eſt la troiſiéme perſonne de l'Eſtat, & n'eſt precedéque du Deſpota, qui étoit pour l'ordinaire, l'Heritier preſomptif de l'Empire. Il n'y a dõc point d'apparence, qu'en vn temps, & dans vne Cour ſi prodigue de titres d'hõneur, & ſi ingenieuſe à trouuer des termes magnifiques, vn fils ait donné, à vn Pere de ſi haute condition, vn ſi chetif, ſi impropre & ſi malheureux epithete. De vray, le moindre Bourgeois de Conſtantinople, ne ſe fût pas contenté d'étre appellé diligent, ſoigneux, & attentif au negoce.

Il nous faût donc arreſter à la conjecture de M. Henry Valois, eſprit tres clair-voyant, en ces matieres, & en toutes les autres, qui concernent les bonnes lettres : Il iugea d'abord, qu'il falloit lire, ἐκ γένους Δούκας; & ie ne doute point, que ce ne ſoit la vraye lecture de ce passage, & le sens le plus naturel, & le plus raisonnable, qu'on luy puisse donner. ALEXIVS TON SERVITEVR, DE LA RACE ET DE LA MAISON DES DVCAS. L'affinité de la figure de ces deux lettres Grecques, Τ & Γ a pû facilement faire faillir le Graueur, ou le Copiste, dont nous auons l'exemplaire; & peut-estre tous les deux ensemble. Mais quoy qu'il en soit, ie tiens cette correction aussi certaine & indubitable, qu'elle a esté prompte & ingenieuse.

C'est tout ce que nous auons à vous dire, touchant vostre Inscription Grecque: Quant à la Latine, elle s'entend assez d'elle-mesme, & par ce que nous en auons desia dit, sans qu'il soit besoin d'autre explication. Il suffit donc de l'auoir rapportée, comme vn exemple de la poësie rythmique, qui faisoit toutes les delices de ce bon siecle, & comme vn monument de la pieté de vos anciens Peres, & vn témoignage de leur gratitude, enuers le Prince, qui leur auoit fait present, d'vne si sainte & si precieuse Relique.

Ie croy, MONSIEVR, que i'ay maintenant satisfait, à la charge que vous m'auez imposée; au moins ay-je apporté toute la diligence & l'industrie, qu'il m'a esté possible, pour m'en acquitter. Car de prendre l'occasion, de traitter icy l'histoire de l'Inuention, de la Sainte Croix; ce seroit, peut-estre, vne chose, que l'on ne iugeroit pas fort éloignée de mon sujet : Mais ie n'ay pas si grande enuie de faire des Liures, que ie veüille copier les Auteurs, qui ont discouru si amplement, sur cette matiere. Dailleurs, il n'y a gueres personne, si apprenty dans l'Histoire Ecclesiastique, qui ne sçache, ce qui s'est dit, pour & contre sur ce suiet. Toute la question, se resout en ce point, sçauoir, si le silence d'Eusebe, doit preualoir au témoignage & à l'autorité, de S. Cyrille de Ierusalem, de S. Ambroise, de S. Paulin, de Sulpice Seuere, de Sozomene, &c. En verité, il me semble, que nous sommes venus vn peu trop tard, pour démentir des témoins de cette qualité, qui ont pres de treize cẽts ans sur la teste; & dont quelques-vns ont pû estre spectateurs de cette découuerte. La plus part, ont vescu sous les Successeurs immediats de Constantin; & ie ne puis comprendre, sur quel fondement, ny pour quelle raison, des gens de cette probité, auroient voulu forger vne imposture, qui pouuoit eſtre facilement conuaincuë, par tous les hommes de leur ſiecle. Cette imagination, à mon aduis, ne peut tomber dans aucun eſprit raiſonnable. Quant à moy, ſans m'arreſter aux circonſtances de l'Inuention de la Sainte Croix, qui ſont racontées, vn peu differemment par ces Auteurs, comme il arriue preſque touſiours, dans les Hiſtoires les plus indubitables; la depoſition du ſeul S. Cyrille, me ſemble irreprochable, & inuincible.

Cyrille Eueſque de Ieruſalem, qui eſtoit deſia en la fleur de ſa reputation, ſous l'Empire de Conſtantius, fils & Succeſſeur de Conſtantin; & par conſequent, qui auoit pris naiſſance du viuant de celuy cy, doit auoir quelque connoiſſance particuliere, de ce qui s'eſt paſſé, ſous ſes yeux, dans la Ville Capitale de ſon Dioceſe. La découuerte de la Croix du Fils de Dieu, & la veneration des Fidelles enuers ce merueilleux inſtrument de noſtre ſalut, n'a pû eſtre ny negligée, ny ignorée, par vn ſi ſaint, & ſi ſçauant Eueſque. Son Egliſe Cathedrale, eſt baſtie ſur le lieu meſme, où la Croix de Ieſus-Chriſt a eſté erigée, & où tous les Auteurs, qui en parlent, diſent qu'elle a eſté trouuée, quelques peu d'années deuant ſon Epiſcopat. A voſtre auis, MONSIEVR, ce Prelat, ne peut-il pas prononcer, auec autorité ſur cette matiere; & ſon témoignage, ne doit-il pas conuaincre les plus opiniâtres, & les plus incredules? Eſcoutons-donc comme il parle, en ſa Catecheſe quatriéme; où apres auoir inſtruit, ceux qui ſe preſentent, pour eſtre receus au Bapteſme, de pluſieurs poincts de la Religion Chreſtienne; il vient à l'article de la Mort, & de la Paſſion de Ieſus-Chriſt, & continuë ainſi.

Il a été veritablement attaché à la Croix, pour la redemption de nos pechez: Que ſi tu eſtois ſi temeraire, que de le nier; tu ſerois conuaincu de cette verité, par ce lieu meſme venerable de Golgotha, que tu vois ſous tes yeux, & où nous ſommes aſſemblez, au nom de Ieſus Crucifié. La terre eſt maintenant remplie du bois de ſa Croix, diuiſé en vne infinité de morceaux, par la deuotion & la pieté des fidelles. Comme s'il diſoit, autant de parcelles, qui ſe font de ce bois precieux, ſont autant de preuues de la Paſſion du Fils de Dieu, qui annoncent la verité de cét article de nôtre Creance, par tout le monde. La Croix eſtoit donc découuerte, dés le temps de S. Cyrille, & ſon bois diſtribué en vne infinité de parties, eſtoit en grande veneration parmy les peuples Chreſtiens: Enfin, de quelque maniere qu'elle ait été trouuée, ſoit par le ſoin, & la pieuſe diligence d'Helene, comme il eſt plus probable, ſoit autrement; On ne peut rien oppoſer vallablement, à vn témoin ſi oculaire, & ſi irreprochable. Ie n'adjoûteray donc rien dauantage à ce diſcours; & ſi i'ay deſſein de le groſſir, pour faire vn corps raiſonnable, qui ſerue comme de baſe, à vôtre Croix, & à ſon Inſcription; il en faut chercher ailleurs, le ſujet & la matiere.

Mais quelle matiere & quel ſujet, ſe peut preſenter plus à propos, & plus propre à cét effet, qu'vn Ser-

mon

mon de la Croix & de la Passion? Ie ne crois pas que l'on puisse dire, que c'est aller chercher de trop loin, dequoy entretenir la Compagnie, & enfler le Volume. La Croix de Iesus-Christ est la principale matiere, de la predication Euangelique. *Prædicamus Jesum Crucifixum*, dit S. Paul, & le mesme Apostre, appelle l'Euangile, *Verbum Crucis*. La veneration mesme, que les fidelles ont pour les Reliques de ce bois sacré, n'est fondée que sur le rapport, qu'il a auec le Crucifié, & sur le mystere de sa Passion, à qui nous sommes redeuables de nostre salut. Ioindre donc vn Sermon de la Passion, auec l'Image de vôtre vraye Croix; c'est expliquer le droit vsage, que nous deuons faire, de ce merueilleux organe de nôtre Redemption. En effet, tout le respect & la reuerence, que nous luy rendons, seroit inutile, si nôtre esprit ne s'éleue en mesme téps, à la consideration de celuy, qui a voulu souffrir pour nous, vn tel opprobre; & qui, ayant vne infinité d'autres moyens, pour nous racheter, a choisi celuy-cy, comme le plus conforme, aux excez de sa charité, & de ses misericordes.

Le curieux & sçauant Gretser, en a vsé de mesme, dans son grand & ample traité *De Cruce:* Il a employé vn Tome tout entier, à nous donner des Homelies sur ce suiet, & particulierement celles des Peres Grecs, qui n'auoient point encore été publiées, en quoy certes, il a obligé tous les Doctes. Mais, comme i'écris icy en François, & pour des François; il n'y a point d'apparence de les seruir d'vne Langue eſtrangere. Ainſi, quand i'aurois trouué, dansles Manuſcrits de nos Bibliotheques, quelque piece ancienne, non donnée, ie ſerois obligé d'en faire la Traduction. Or à vous dire le vray, cette eſpece de trauail, n'eſt pas de mon goût. I'aymerois bien mieux compoſer vn Sermon nouueau, que d'en traduire vn ancien.

Mais, ſans me mettre en peine de faire, ny l'vn ny l'autre; ie m'en vais vous donner icy, celuy que vous m'entendiſtes prononcer autrefois, dans l'Egliſe des Cordeliers, de Munſter, en la plus illuſtre Aſſemblée, qui ait, peut-eſtre iamais été. La multitude des Auditeurs n'y manquoit pas, mais leurs differentes qualitez, eſtoient bien plus remarquables, que leur nombre. Italiens, François, Eſpagnols,

Allemans, Danois, Tranſyluains, Suedois; Catholiques, Proteſtans; Lutheriens, Caluiniſtes, Iuifs, Anabaptiſtes, compoſoient mon Auditoire. Car, en verité, on peut dire, que cette Capitale de Vveſtfalie, eſtoit pour lors, le concours de toutes les Nations, & de toutes les Religions de l'Europe, qui étant ſi differentes en intereſts, en opinions, & en creance, s'accordoient toutefois en ce poinct, de me venir écouter, & de ſe picquer de parler, & d'entendre nôtre Langue. Ces Meſſieurs qui compoſoient pour la plus part, la Famille & les principaux Officiers des Plenipotentiaires, étoient toutes perſonnes choiſies, inſtruites dans les Sciences & les belles Lettres. Et certes, il falloit eſtre ferré à glace (cette metaphore Hollandoiſe, ne vous eſt pas inconnuë) pour tenir ferme, contre eux, dans la conuerſation ordinaire.

Nous pouuons dire toutefois, que Meſſieurs leurs Patrons, ie veux dire les PP. les ſurpaſſoient, non moins en qualité, qu'en ſuffiſance: Et de vray, ces grands Hommes étoient autant d'Intelligences de la ſupreme Hierarchie, non ſeulement dans la Politique, & les affaires d'Eſtat, mais dans toutes les belles connoiſſances. La ſolennité du iour du Vendredy Saint, les auoit attirez, preſque tous, au Sermon de la Paſſion: Que ſi ie voulois les nommer en ce lieu, il me faudroit faire vn dénombrement ennuyeux, & peut-eſtre trop ambitieux, des principaux Chefs de cette Aſſemblée. Ie peux dire ſeulement, que i'auois ſous mes yeux en abregé, vn recueil de toute la ſageſſe humaine & diuine, qui eſt répanduë dans toute la Chreſtiente.

Vous ne vous eſtonnerez pas, MONSIEVR, ſi ie parle ainſi ; puis qu'vn ſeul homme, qui paroiſſoit à la teſte de cette troupe choiſie, peut iuſtifier la verité de ce que ie dis. C'eſt Noſtre Saint Pere le Pape, Alexandre, VII. qui eſt maintenant aſſis ſur le trône de S. Pierre, & qui pour lors étoit Legat, Nonce, & Plenipotentiaire du Saint Siege Apoſtolique, pour eſtre Mediateur de la Paix, entre l'Empire, la France & l'Eſpagne. Ie ne le regarde point, comme vn homme qui eſt auiourd'huy dans le Solſtice des dignitez. Cét éclat, eſt capable d'éblouïr les yeux, des plus clair-voyans, & de mettre des vertus mediocres, en vn ſi haut luſtre, qu'elles paſſeroient facilement pour heroïques : Mais vous ſçauez la haute eſtime que l'on faiſoit, de ſon grand zele, & de ſa rare ſuffiſance, à Munſter ; & ſans m'arreſter à ſes vertus Chreſtiennes, & Politiques, combien de fois, aués vous éprouué vous-meſme, & admiré dans ſon entretien, les viues lumieres, & les belles connoiſſances de ſon eſprit, dans les bonnes Lettres ? Il n'en eſt pas ſeulement excellent Iuge, mais il en eſt parfait Ouurier: Ce que i'ay veu de ſes compoſitions en proſe, me l'a fait reconnoiſtre, pour vn grand Orateur; & Monſieur d'Auaux, qui s'y connoiſſoit, & qui auoit eu tant de conferences auec luy, diſoit ſouuent, qu'il n'auoit iamais negocié, auec vne probité, plus eloquente, & plus perſuaſiue. Ie ne veux point parler, pour le preſent, du merite de ſa poësie, quoy que l'ayant voulu cacher sous vn nom emprunté, elle n'ait pas laissé enfin d'eclater, auec vne Majesté, digne d'vn Souuerain Pontife. De vray, soit que l'on considere le choix des matieres, qui sont toutes serieuses & Chrestiennes, soit la grauité & la pureté du stile, il n'y a rien qui ne soûtienne auec honneur, la dignité d'vn nom si saint, & si venerable.

Vous me direz sans doute, MONSIEVR, que ie ne fais icy l'Eloge de Nostre Saint Pere, que pour faire valoir dauantage la grande satisfaction, qu'il témoigna, & l'estime particuliere, qu'il luy plût de faire de mon Sermon; & ie l'aduouë, Ie ne puis, que ie ne me glorifie, en Iesus-Christ, d'auoir annoncé tant de fois, son Euangile, sous la benediction, & l'approbation de celuy, qu'il auoit destiné, pour estre son Vicaire en l'Eglise, & le Chef de la Mission Apostolique. Vostre Croix est bien l'occasion, qui fait paroistre auiourd'huy, cette piece au iour, & qui la fait sortir des tenebres de mon estude : Mais l'asseurance, que ie prens de la produire icy en public, & l'esperance que i'ay, qu'apres auoir esté écoutée fauorablement, de toutes les Nations de l'Europe, elle pourra estre leuë auec indulgence par nos François, me vient de la part d'vn si grand, si docte, & si Venerable Pontife.

SERMON DE LA PASSION.

C'EST aujourd'huy sans doute, MES FRERES, vn iour d'affliction & de larmes, & si nous aperceuions maintenant quelqu'vn, dont le visage ne fût pas composé à la tristesse, ou qui par quelque action témoignât tant soit peu de réjoüissance ; nous le tiendrions ou pour vn insensé, ou pour vn infidele. De vray, quelle apparence de se réjoüir parmy des choſes ſi triſtes, d'aſſiſter aux funerailles de noſtre Pere, auec vn viſage riant; ou plûtoſt de le regarder, les yeux ſecs, entre les mains des Bourreaux, preſt de ſouffrir vn infame ſupplice. Auſſi, encore que l'Egliſe reconnoiſſe, qu'elle a été acquiſe heureuſement aujourd'huy à Ieſus-Chriſt, par le merite de ſon precieux Sang; qu'elle datte les années de ſa Redemption, de ce cher moment; que ce ſoit le iour de ſa naiſſance, & que ſon corps myſtique ſoit composé, de ces merueilleux Elemens, qui ſortirent du côté de ſon Eſpoux, en l'arbre de la Croix; Elle ne laiſſe pas toutefois, de prendre ſes habits de deüil, de charger le ſac & la cendre, de s'abandonner aux larmes; & elle veut meſme que les lieux, où elle s'aſſemble, portent les marques de ſa douleur.

Delà vient, que nos Temples sont sans ornement, nos Autels sans parure, autre que funebre; que toutes les ceremonies qui se pratiquent dans le diuin Office, voire mesmes, celles qui ne se pratiquent pas, ont ie ne sçay quoy de lamentable. On ne sonne point aujourd'huy, nos trompettes spirituelles, ie veux dire les cloches; On ne porte point de flambeaux à la lecture de l'Euangile; On n'offre point l'encens; l'Euangeliste ne presente point au peuple, la salutation ordinaire; & les benedictions, qui se donnent si liberallement en ce lieu, à toute sorte de personnes, sont refusées mesmes, à celuy qui doit annoncer la sainte parole. Que veut dire cela, Chrêtiens? sinon que toute image de contentement & de ioye, est ostée à ce iour, de l'Eglise, à cause de la mort du Fils de Dieu; & que l'on a raisonnablement substitué à la place, tous les objets qui peuuent nous faire conceuoir la tristesse, les pleurs, les soûpirs & les plaintes, qui doiuent accompagner vne si sanglante Tragedie.

Neantmoins, Messieurs, puisque Iesus Christ n'est mort qu'vne fois, & que sa mort a été si glorieuse; puis qu'il est ressuscité, pour ne plus mourir iamais; puisque d'ailleurs, S. Paul nous exhorte, & nous commande, de ne nous point affliger en consideration de ceux qui dorment, ainsi appelle-t'il les Chrestiens qui sont décedez, comme ceux, dit-il, qui n'ont plus d'autre esperance; pourquoy tant d'affliction, de lamentations, & de temoignages de douleur, pour celuy qui est les premices des Dormans?

Nous celebrons ſouuent dans l'Egliſe, les Feſtes des Martyrs, qui ont marché dans les veſtiges ſanglans, de la Paſſion de leur Maiſtre, & à qui la cruauté de leurs Perſecuteurs, a fait ſouffrir tous les tourmens imaginables : Cependant elle n'eſt iamais ſi triomphante, qu'aux iours de leur ſolennité, iamais elle n'eſt ſi parée, ſa ioye n'eſt iamais ſi épanoüie, ny ſes Autels plus richement ornez : On ne ſçait que c'eſt que de larmes, de deüil, ny de funerailles ; Et quoy qu'elle celebre ces Feſtes, au iour du deceds des Martyrs, ce nom odieux de mort en eſt banny, comme de mauuais augure ; Cela s'appelle leur iour Natal, & le temps de leur Naiſſance dans l'Eternitê. D'où vient donc qu'au iour de la Paſsion du Fils de Dieu, qui eſt le Prince & le

Chef des Martyrs, celuy qui les a fortifiez par son exemple, animez par son courage; celuy qui ne leur a laissé à combattre, que le phantôme de la Mort, qu'il a heureusement vaincuë; d'ou vient, disie, que nous obseruons vne pratique toute contraire? Que nous nous réjoüissons à la mort des Martyrs, & que nous nous affligeons de celle de Iesus-Christ?

Helas, MES FRERES, la cause en est bien claire & bien iuste: Nous ne sommes pas coupables, de la mort des Martyrs; nous n'auons pas été les Ministres de la cruauté, que l'on a exercée sur eux; ce sont les Nerons, les Decius, les Diocletians; Noms diffamez, & abominables dans la memoire des hommes. Mais quant à la Passion du Fils de Dieu; ce n'est point toy, ô Iudas, qui l'as pû trahir entre les mains des

des Iuifs; Il ſçauoit tes embuſches & les pouuoit euiter : Ce n'eſt point vous, ô Iuifs, qui l'auez pû liurer entre les mains de Pilate, il peut vous renuerſer tous, & vous abiſmer iuſqu'au centre de la terre, d'vne ſeule parolle : Ce n'eſt point toy, ô Pilate, qui as pû le baffoüer, le foüetter, le battre & le crucifier par tes ſoldats; Il a plus de douze legions d'Anges, pour ſe deffendre de leur violence & pour les mettre tous en route. Ce ſont nos pechés, Chreſtiens, ce ſont nos pechés abominables, qui ont fait tout ce deſordre ; ce ſont nos trahiſons, qui ont liuré Ieſus-Chriſt, dans le Iardin des Oliues ; ce ſont nos violences, qui l'ont traduit des priſons Eccleſiaſtiques dans les ſeculieres, où il a receu mille ignominies ; ce ſont nos injuſtices, qui l'ont chargé de coups & d'eſpines;

Enfin c'est la voix de nos crimes, éleuée contre le Ciel, qui a crié auec vne rage dénaturée, *Tolle, Tolle, Crucifige*; Mets à mort ce miserable & l'attache à ce bois funeste.

N'auons nous donc pas bien raison, d'estre en habits de deüil, de fondre en larmes, de nous plomber la poictrine de coups, de nous arracher les cheueux, & de nous abandonner à toute l'extremité, où nous peut porter vne douleur excessiue; puis que nous sommes si miserables, que d'estre les instrumens des douleurs, & comme les meurtriers du Fils de Dieu? Et partant, Chrestiens, défaisons nous de cét erreur, qui nous persuade, que tout cet appareil funebre, cette contenance morne, ces ceremonies lugubres, regardent la mort du Redempteur;

c'est la nostre, que nous auons encouruë par nos pechés, que cela touche principallement : Les larmes & les soûpirs, qui doiuent partir de nos yeux & de nostre cœur ne doiuent auoir autre source, que la consideration de l'enormité de nos fautes, qui ont esté telles, qu'il a esté necessaire qu'elles fussent expiées par tant de peines & d'épines & par tant de sang répandu, de la plus noble Victime & de la plus precieuse Teste, qui ait jamais paru dans le monde ; C'est Iesus-Christ Dieu & homme tout ensemble.

C'est luy mesme, MESSIEVRS, qui nous enseigne de le croire ainsi, & d'en vser de la sorte ; quand s'addressant aux filles de Hierusalem, il parle a toute la nature humaine au plus fort de ses douleurs, sur le poinct qu'il semble, que sa condition ſoit plus lamentable, & que ce ſoit vne inhumanité cruelle, que de luy refuſer des larmes; *Filiæ Hieruſalem nolite flere ſuper me, ſed ſuper vos ipſas flete, & ſuper filios veſtros.* Filles de Hieruſalem, épargnez vos larmes pour mon égard, mais répãdez les en abondance ſur vous & ſur vos enfãs, qui eſtes coupables de tout ce deſordre: Car quant à moy, bien que ie ſois tout couuert de playes & d'opprobres; bien que ie m'achemine ſur le Caluaire, ou ie vas ſouffrir vne mort tres cruelle, ma condition toutefois n'eſt pas deplorable, puiſque ie me preſente volontairement au ſupplice, pour ſatisfaire à la volonté de mon Pere Eternel, puis que c'eſt pour le ſalut & pour la Redemption de tous les peuples, que ie ſouffre; puis que l'eſchaffaut de la Croix, eſt le Theatre de ma gloire ; & cette place publique, où ie vas eſtre éleué, le champ de ma victoire.

En effet, Chreſtiens, cette Paſſion, qui eſt le ſujet du ſcandale des Iuifs, de la risée des Gentils, & la pierre d'achoppement des ames infidelles ; eſt la plus glorieuſe & la plus triomphante, des actions du Fils Dieu. Ie dis que cette paſſion eſt action, puis que Ieſus-Chriſt a beaucoup plus agy que paty, qu'il a beaucoup plus fait qu'il n'a pas enduré ; puis qu'en ſouffrant, il a ſurmonté les douleurs de l'Enfer & qu'en mourant, il a vaincu la mort & mis en fuite toutes les puiſſances des tenebres. S'arreſte donc qui voudra, à cette écorce, à cet exterieur, plein de miſere, de baſſeſſe, d'affliction, d'opprobre : Ie voy, au trauers de ce nuage épais de la Paſſion, qui enueloppe le Fils de Dieu, *Chriſtum Dei virtutem & Sapientiam, & quod infirmum eſt Dei, fortius hominibus.* Ie voy, diſ-je, Ieſus-Chriſt qui eſt la vertu & la ſapience de ſon Pere Eternel ; & j'appercois dans ſon infirmité, vne puiſſance qui ſurpaſſe toutes les forces humaines. Se le repreſente qui voudra, foible, nud, deſarmé, pitoyable ; ie me l'imagine, auec le grand ſaint Paul, Magnifique, Victorieux, Triomphant de toutes les puiſſances de l'Enfer, *Expolians Principatus & poteſtates, palam triumphans in ſemetipſo.*

Auſſi, comme Dimanche paſſé, nous rencõtrâmes ſon humilité, au milieu de ſon triomphe ; nous trouuerons auiourd'huy ſa victoire & ſon triomphe au milieu de ſon humilité. Car ie me propoſe, MESSIEVRS, de vous repreſenter Ieſus-

Chriſt combattant & victorieux de toutes les puiſſances imaginables, du monde, de la douleur, de la mort, de l'Enfer, de Sathan; voire de ſoy meſme: Ie me propoſe, de vous le faire paroiſtre, comme vn genereux Capitaine, qui s'eſtant déuoüé pour le ſalut de ſa Patrie, apres auoir fait vn carnage eſpouuentable de ſes ennemis, voyant encore de la reſiſtance, ſe jette à corps perdu, en vn lieu, où la mort, à la verité n'eſt pas douteuſe pour luy, mais où la victoire eſt tres aſſeurée pour les ſiens; lieu, où apres auoir receu mille playes honnorables, il tombe, tout victorieux qu'il eſt, ſur les corps abbatus de ſes Aduerſaires. Car Ieſus-Chriſt n'a pas voulu eſtre, du nombre de ces heureux Capitaines, à qui la fortune amenoit, comme dans vn retz, les

Villes prises, tandis qu'ils dormoient: Il n'a pas esté de ces fortunés Chefs de guerre, à qui les victoires n'ont pas cousté vne goutte de leur sang, & qui se sont trouués en vne infinité de rencontres, sans receuoir aucune blessure. Il est couuert de playes depuis les pieds iusques à la teste; il n'y a point de membre sur luy, qui n'ait son supplice; Enfin l'on peut dire, qu'il n'a pas derobé la victoire, mais qu'il l'a achetée bien cherement au prix de son sang, qui a esté respandu iusques à la derniere goutte.

Mais aussi, personne ne partage auec luy, l'honneur de ses combats; vne infinité de mains n'ont pas combattu pour couronner vne seule teste; les fatigues & les veilles d'autruy, ne luy ont point acquis le titre de Vainqueur, tandis qu'il se repose. La plus part des Princes, cependant que l'on se bat pour eux, dorment bien a leur aise ; cependant que leurs Capitaines couchent sur la dure, ils se veautrent dans les voluptez & tandis que leurs gens souffrent l'ardeur du Soleil & hument la poudre, ils s'en parfument & viuent à l'ombre de leurs maisons delicieuses. Icy rien de semblable. IESVS A SEVL COMBATV, EST SEVL MORT, A SEVL VAINCV, & ce qui est le plus admirable, quoy que son Pere Eternel, luy ait donné ce grand Royaume de l'Eglise pour recompense de ses glorieux trauaux ; si est-ce que le principal & le plus solide fruit de ses victoires, paruient à d'autres qu'à luy. C'est pour nous, Chrestiens, qu'il a pris la querelle contre de si rudes aduersaires : c'est pour nous qu'il a cõbattu ; c'est pour nous qu'il a vaincu ; c'est pour nous enfin qu'il est mort sur le champ de la bataille. Serons nous donc spectateurs oisifs, de tant de peines & de fatigues, qu'il a souffertes pour nous ; & tandis qu'il suë le sang & l'eau pour nous faire triompher de nos ennemis, nous endormirons-nous auec les Apostres dans le Iardin des Oliues ? Que dis-je, de sommeiller auec les Apostres? demeurerons nous entre les bras des voluptez, dans le sein des affections du monde auec vne lethargie infame ; cependant que le Fils de Dieu est au milieu des espines, des clouds, des croix, des coups de lance, qui sont les armes dont il est attaqué, & auec lesquelles mesmes, il réuerse les troupes ennemies?

Autrefois, MESSIEVRS, il est arriué que deux Peuples Ennemis, laſſez de ſe battre, apres auoir ſouffert mille calamitez, eſpuiſez preſque de forces & d'argent, ont mis, par maniere de dire, la guerre en abregé. Ils ont donc choiſi deux champions, des deux partis contraires, entre les mains deſquels ils ont conſigné la fortune de leur patrie, & conuenu que la nation du Victorieux, commanderoit à celle du Vaincu, ou bien ſeroit maiſtreſſe de la choſe conteſtée entre-eux. Ce combat ſe faiſoit, comme l'on peut bien penſer, à la veüe de deux armées, ou pluſtoſt de deux peuples entiers, qui apres auoir fait choix, a leur aduis, du plus braue ſoldat de leur party, ne pouuoient plus contribuer autre choſe, pour la victoire, que des vœux & des prieres. Ie ne veux pas conſiderer icy, quels deuoient eſtre les mouuemens de l'esprit de ceux, qui auoient esté iugez dignes par leurs Concitoyens, de faire les bons destins de leur païs: Mais ie vous prie, Messieurs, considerez auec moy, quels pouuoient estre les émotions & les pensées des Peuples, interessez à vn spectacle d'vne telle importance. Se pouuoit il donner vn coup, qui ne fut ressenty par tout le corps d'vne Republique? Se pouuoit-il parer que chaque particulier, ne crût estre conserué, cette fois-là, par l'addresse de son Champion? Et comme le sort des armes est incertain, & fait balancer quelquefois long-temps la Victoire, auant que de l'adjuger à l'vn des deux; combien d'acclamations & de plaintes s'éleuoient, tour à tour, des deux costés, selon que les diuers euenement de ce duel, les remplissoient d'esperance, ou de crainte?

CHRESTIENS, Iesus-Christ est ce diuin Combatant, que le Pere Eternel a choisi, pour soûtenir les droits de toute la nature humaine contre ses ennemis, qui l'auoient si cruellement persecutée: Il a esté demandé long-temps de tous les hommes, comme vn Procureur & vn Syndic, qui deuoit porter leurs interests; ou plustost, comme vn Capitaine, qui deuoit combattre nos guerres, pour vser des termes de l'Escriture. Le voicy venu, Il est desia planté sur l'areine, pour luitter, corps à corps, nos mortels aduersaires. Il est desia aux prises auec eux: Serons nous si insensibles & si miserables de regarder ce combat, auec de la froideur & de l'indifference? Serons nous si endormis, dans nos pechez, que l'esclat & le cliquetis des armes, ne frappe, ny nos yeux, ny nos oreilles? Il n'y va pourtant de rien moins, que de noſtre ſalut, CHRESTIENS; & quoy que la victoire ſoit indubitable pour le Fils de Dieu; l'vſage & le profit ne nous en peut eſtre appliqué, ſi pour le moins, nous ne combattons de geſte & de volonté auec luy. Sus donc, Cheres Ames, en meſme temps que Ieſus-Chriſt s'oppoſe auec tant de rigueur, au ſentiment de ſa chair, qui naturellement refuſoit de mourir, pour le moins, ne careſſons pas la noſtre; En meſme temps qu'il ſurmonte toutes les puiſſances du monde, ne les flattons pas, en meſme temps qu'il triomphe des forces de l'Enfer, gardons nous bien, de nous y aſſujettir; bref en meſme temps, qu'il arrache à la mort ſon éguillon, pour le moins n'en craignons plus la picqueure.

C'est contribuer bien peu de chose à sa victoire, pour en receuoir de si grands auantages : Et neanmoins les bons mouuemens, que j'exige de vous, pour estre participans de la passion du Sauueur, ne peuuent s'obtenir que par elle mesme ; & nous ne pouuons nous preualoir de la proye des Vaincus, si nous n'auons le courage de suiure le Vainqueur, pour l'aller recueillir dans le champ, qui est encore tout sanglant de leur défaite.

Allons donc, CHRESTIENS, marchons dans les traces de nostre Capitaine, & à mesure qu'il aura terracé quelqu'vn de ses Ennemis & des nostres, enleuons ses dépoüilles ; ne craignons point les phantosmes & les restes de ces monstres, qui nous paroissoient si formidables. Cependant, ô Toy, Diuin

Combattant, qui par ton inuincible vertu, as declaré foibles, toutes les puiſſances & les principautés du Siecle; donne force à mes poumons & à ma voix, pour animer de telle ſorte la trompette Euangelique, aupres du portrait de ta Paſſion, qui ſe repreſente aujourd'huy, qu'il paroiſſe, comme viuant & reſpirant, & que l'idée de tes Actions Heroïques, ſoit auſſi preſente à noſtre eſprit, que la memoire en eſt perpetuelle dans l'Egliſe & que l'effet en eſt perdurable dans nos ames. Et vous, MES CHERS AVDITEVRS, qui temoignez deſia par voſtre ſilence & par voſtre attention, le deſir que vous auez de voir des combats, au ſuccez de qui vous auez ſi grande part; Secondez mes prieres des voſtres, tandis que ie m'exhorte moy meſme, à vne ſi difficile

ficile entrepriſe, & que j'en commence le deſſein, ſur le crayon admirable, que l'Egliſe en a dreſſé, dans les belles parolles de l'hymne qu'elle chante à l'adoration de la Croix, qui eſt le trophée des victoires, dont ie vous parle.

Pange lingua glorioſi,
Prælium certaminis,
Et ſuper Crucis Trophæum,
Dic Triumphum nobilem:
Qualiter Redemptor Orbis,
Immolatus vicerit.

Car il me ſemble, MESSIEURS, que ie ne ſçaurois commencer ce diſcours, par des termes plus propres au ſujet, que i'ay entrepris de traitter, que par les parolles, que l'Egliſe nous met en la bouche aujourd'huy; parolles qui d'ailleurs iuſtifient mon intention, & la deſchargent de toute nouueauté profane. Car ſi elle conçoit la Paſſion du Fils de Dieu, ſoubs l'image d'vn combat glorieux ; ſi elle appelle ſa Croix, vn trophée, l'hymne meſme qu'elle luy chante, vn chant de Triõphe ; ſi elle fait paroiſtre Ieſus, comme vn vainqueur triomphant ; qui nous pourra blaſmer, d'en parler de la meſme ſorte, & de faire éclatter les myſteres de la Paſſion, en qualité d'vn exploit de guerre & d'vne faction militaire?

Certes, l'on ne ſçauroit nier, que le Meſſie n'ait eſté promis par les Prophetes, comme vn grand Roy & vn General d'armée, qui deuoit domter les ennemis d'Iſraël & les humilier de ſorte, qu'ils deuoient ſeruir de marche-pied à ſes pas : Il faut aduoüer, que l'impoſition de ce nom myſterieux, qui luy eſt donné, par Iſaie Chap. 8 ne ſignifie & ne reſpire autre choſe, que l'horreur des batailles, le deſordre des Camps & la déroute des armées: *Voca nomen eius, accelera, ſpolia detrahe, feſtina prædari.* Toute la vanité des hommes, qui paroiſt principalement, dans vn exercice ſi pompeux, que celuy de la guerre, n'a iamais ſçeu inuenter vn nom ſi glorieux & ſi magnifique; nom qui repreſente vn Capitaine, dans l'action meſme & dans la pratique, de toutes les vertus militaires. *Accelera*; haſte toy, voila la diligence & l'actiuité; voila la qualité qui fait les Ceſars: *detrahe*; voila le courage, la vaillance & la force: *Feſtina prædari*; voici le ſecret, de bien vſer de la victoire & de ne pas donner le loiſir à l'ennemy battu, de ſe reconnoiſtre. Mais ce n'eſt pas le tout, que ce nom prophetique, qui a esté donné au Messie, soit vn nom de guerre; le vray & le propre nom qu'il a porté, nom qui a esté ordonné par son pere Eternel, annoncé par l'Ange, imposé par sa mere, est encore vn nom militaire, vn nom de Capitaine. *Iesus, Saluator.*

Ce nom de Sauueur, MESSIEVRS, dans l'Escriture ancienne, est le nom que Dieu donne aux Generaux d'armée, qu'il enuoye pour conseruer son peuple de l'oppression des infideles : *Suscitauit eis Saluatorem & liberauit eos*; dit le Texte Sacré, parlant d'Othoniel Iuge & Capitaine des Israëlites; & le Prophete, pour consoler ce mesme peuple, opprimé dans la seruitude, s'escrie, *Ascendent saluatores*; ie leur enuoyeray des Chefs de guerre, pour combattre leurs aduersaires.

C'eſt auſſi en cette qualité de Capitaines & de Sauueurs, & à raiſon de leurs glorieux exploits, que ces grands hommes ont eſté, chacun d'eux, autant de figures admirables, du Meſſie. Ils n'ont point fait d'action heroïque, donné de bataille, pris de ville, qui ne reſponde à quelque autre operation merueilleuſe du Fils de Dieu: Iuſque-là meſmes, que leurs déportemēts vitieux, ont ſignifié quelque myſtere de la procedure & de la volonté de Ieſus-Chriſt, ſur le ſalut des hommes. *Samſon meretricem duxit, Chriſtus Eccleſiam ex Infidelibus*, dit S. Hieroſme.

Que ſi ceux d'entr'eux, dont les vertus ont eſté meſlées de quelques defauts, & quelquefois meſmes, de crimes abominables, n'ont pas laiſsé d'eſtre les figures du Fils de Dieu; comme nous voyons ſouuent craionner, auec du noir & du charbon, le Soleil qui est le plus beau & le plus luisant de tout les astres; n'aduoüerons nous pas, MESSIEVRS, que parmi les anciens Peres & Capitaines, ceux dont les vertus moralles & militaires, n'ont esté tachées d'aucune imperfection, representent bien plus parfaitement, dans leurs actions, celles de nostre Sauueur? En effet c'est sur l'idée de leurs combats, que nous deuons aujourd'huy, tirer la figure des Victoires du Fils de Dieu dans sa Passion, & pour reüssir à la copie d'vn portrait si merueilleux, il nous faut faire choix d'vn excellent modelle.

Or, MESSIEVRS, quand nous n'aurions point d'abord, d'autre marque, pour reconnoistre cet ancien Heros, qui nous represente parfaitement Iesus-Christ combattant, certes son seul nom, nous le donneroit assez à connoistre. C'est, CHRESTIENS, ce grand Iesus, Fils de Naué, que nous appellons communement Iosué; ce grand General des armées de l'Eternel; celuy dont la vie est irreprochable, qui au milieu de l'opiniastreté, de l'endurcissement & de la rebellion de ses confreres, s'est tousiours maintenu, dans le parti de la verité: Celuy, qui pour ses rares vertus, a merité d'estre choisi, mesme au preiudice de Moyse, pour introduire le peuple dans la terre de promesse & d'estre le distributeur, de cet heritage si longtemps attendu. Mais cela ne s'est pas fait sans contradiction, mille obstacles se sont opposés à ce dessein; il a fallu combattre vne infinité de difficultés; mais Dieu, qui le conduisoit, les luy a fait franchir, auec des témoignages merueilleux de sa toute puissance.

En premier lieu, il a fallu combattre la nature. Le Iourdain s'opposoit à son passage, il auoit grossi ses eaux plus que de coûtume; elles couroiét auec impetuosité dans la mer morte; de sorte qu'il estoit impossible au peuple, de passer dans la terre promise: mais voici, miracle estrange, que les eaux se mypartissent & laissent au milieu de leur sein, vne large ouuerture, qui luy sert de voye, pour passer son armée à l'autre bord, affin de combattre ses aduersaires, auec auantage. Ce seroit peu de chose, pour ramener cette figure à la verité, de dire que pareillement Iesus-Christ auparauant que de venir aux prises auec ses ennemis, dans le combat de sa Pasſion, a paſſé le torrent de Cedron, pour s'acheminer à Getſemani & au jardin des Oliues.

Il y a bien icy vn autre myſtere: Ce courant du fleuue du Iourdain, qui couppe le paſſage, aux combats de la Paſsion du Fils de Dieu; c'eſt cette inclination naturelle, qui nous porte à aymer la vie, à la conſeruation de l'Indiuidu, & qui nous fait fuir naturellement, toutes les choſes qui nous peuuent nuire, mais ſur tout la mort, comme la capitale ennemie de noſtre eſtre. Il eſt vray, qu'il faut conſiderer cette inclination naturelle, autrement dans la perſonne de Ieſus Chriſt, & autremét dans tous les autres hómes. Car dans Ieſus-Chriſt, MESSIEVRS, elle n'a iamais paſſé les bornes de la droitte raiſon; elle s'eſt touſiours limitée, à la volonté de Dieu ſon pere,

Il a deſiré de viure, mais touſiours ſoubs cette condition, que ſon deſir fuſt conforme, au decret eternel de Dieu ſur luy. *Pater ſi poſsibile eſt, tranſeat à me Calix iſte, verumtamen non ſicut ego volo, ſed ſicut tu.* Mais nos deſirs, n'ont ny fonds, ny riue; il n'y a point de chauſſée, ny de digue, qui puiſſe retenir l'impetuoſité de ce fleuue rapide; pourquoy? parce que ſa ſource vient de cette concupiſcence, de cette ſeruitude hereditaire, que nous tenons de noſtre pere, qui nous porte touſjours en la pire part. De ſorte que ſi nous ne la tenons continuellement en bride, elle nous emporte impetueuſement, au delà des barrieres preſcrites, à nos iuſtes deſirs.

Mais pour ne nous pas eſcarter, de la ſimilitude du courant du Iourdain, qui eſt extremement propre en cet endroit: Comme les riuieres, portent d'elles mesmes, les basteaux & les mariniers sans peine, quand ils suiuent le cours du fleuue; mais s'ils veulent aller contre le fil de l'eau, il faut qu'ils s'efforcent de bras & de nerfs, auec les rames & les auirons, & encore n'auancent ils gueres de chemin, en beaucoup de temps: De mesme, si nous auons enuie de malfaire, nous n'auons qu'à nous laisser aller, au panchant de nostre nature vitieuse, mais si nous voulons bien faire & profiter en l'exercice de la vertu, nous sommes, non seulement en mesme peine, que ceux qui veulent remonter les riuieres dans des vaisseaux, mais nous auons presque la mesme difficulté, que s'il nous falloit faire retourner les eaux à leur source. Et cela vient de ce combat de la partie inferieure, contre la superieure; de la chair, contre l'esprit; de la nature & de la grace. Or quoy que cette contestation, n'ait pû se rencontrer, en la personne de Iesus-Christ, où la partie inferieure, estoit parfaitement soumize à l'esprit; neanmoins, il a voulu, en sa passion, attirer sur luy toutes les infirmités humaines, qui peuuent subsister sans le peché; & comme il a permis aux soldats & aux archers de le lier & de le tourmenter; il a permis aussi à la crainte & à la tristesse, deux impitoyables Satellites de la mort, deux cruels bourreaux de nostre vie, de se saisir de son esprit, *Cœpit pauere & tædere*, il commença à craindre & à s'attrister.

Et certes, mes freres, sa Passion n'eût pas esté passion, si ces deux passions ne s'y fussent rencontrées;

& il auroit beaucoup moins contribué à nostre salut, si estant resolu de supporter les douleurs & les châtiments deus à nos crimes, il n'auoit encore espousé nos plus sensibles affections. Il a doncques voulu craindre & s'affliger pour moy, luy qui n'auoit aucun sujet de craindre pour soy-mesme; & par maniere de dire, étouffant, pour vn temps, en luy cette ioye eternelle qui accompagne sa diuinité, il se laisse comme abisiner, dans le chagrin de mon infirmité; il a pris nos tristesses, pour nous départir ses ioyes; il'est descendu par le chemin, que nous luy auons fraié, iusques à l'affliction de la mort, affin de nous ramener, par la voye qu'il nous a tracée, à la resurrection de la vie.

Ie ne crains dōc point, de parler de la crainte & de la tristesse de Iesus-

Christ puis que ie presche sa Croix & sa Pasion: Car, MESSIEVRS, il ne s'est pas seulement incarné en apparence, il a pris la verité de nostre chair; il a donc deu prendre les douleurs & les afflictions, qui l'accompagnent, quand elle souffre; il a donc deu donner lieu, à la crainte & à la tristesse, affin d'auoir la gloire de les vaincre. Car celuy-là, n'a aucune part à l'honneur de la victoire, qui se iette au milieu des coups, par ce qu'il est inuulnerable; ou qui se porte dans vn peril, dont il n'a point de connoissance. C'est pourquoy, on ne peut assez blasmer l'imprudence des Poëtes, qui nous voulant representer, vne valleur parfaitte, en la personne de leurs Heros, leur donnent neaumoins des armes enchantées, qui ne peuuent estre faussées, ny par le fer, ny par le feu : Le plus lasche de tous les hommes, armé de la sorte, se portera dans les lieux mesmes, où la mort est la plus presente, d'autant qu'il n'a pas de sujet de la craindre. La vraye valeur & la vraye vertu, MESSIEVRS, est celle, qui apres auoir apprehendé le danger, & consideré toutes les iustes causes de le craindre, passe neaumoins sur toutes les apprehensions, pour s'exposer à vne perte certaine. C'est ainsi que Iesus-Christ en a vsé; il a compris en son esprit, les douleurs, les supplices, les ignominies de sa passion, auec plus de perfection, en vn moment, que tous les Saints, qui l'ont meditée auec tant de contention, depuis seize cent ans; il a esté attaqué de toutes les craintes, les chagrins & la tristesse, que pouuoit auoir celuy, qui ne craignoit pas pour la vie d'vn homme du commun ; mais pour la plus excellente, la plus digne, la plus diuine, qui ait iamais paru parmi les hommes ; & apres auoir goûté, tâté, manié, à tout ſens & à tous biais, ces ſentiments de douleur ; il s'eſt reſolu courageuſement à la quitter, pour combattre & pour vaincre Sathan & le peché, nos cruels aduerſaires. *Deliberata morte ferocior.*

Il paſſe donc le torrent de Cedron; il franchit le Rubicon ; en vn mot, pour ſuiure noſtre figure, il trauerſe le Iourdain ; & pour le trauerſer, il fait, merueille eſtrange ! remonter les eaux à leur ſource. *Jordanis conuerſus eſt retrorſum*, Ie veux dire, qu'il détourne le cours de cette inclination naturelle, qui nous fait aymer noſtre chair propre, qui nous fait cherir ſi vniquement la vie & abhorrer

rer la mort, comme la chose la plus terrible de toutes les terribles.

Vous voyez, CHRESTIENS, comme il a fallu que le Fils de Dieu, ait premierement liuré combat à sa chair propre, deuant que de venir à choquer ses ennemis, & qu'il a fallu, qu'il se soit vaincu soy mesme, auparauãt que de vaincre ses aduersaires. Bel exẽple, MESSIEVRS, qui nous apprend, qu'en cette vie, qui est vne milice perpetuelle, nous deuons premierement estudier, à nous surmonter nous mesmes & à ranger nos passions à la raison, auparauant que d'entreprendre, de donner bataille au mõde à & Satan: Car comme ce Prince là, seroit mal conseillé, qui auroit vne guerre ciuile dans son Estat, & qui cependant déclareroit la guerre aux estrangers; de mesme, il faut premierement calmer cette guerre inteſtine de nos paſsions, & les abatre, auparauant que de penſer, de ſubjuguer nos autres aduerſaires.

Mais auſsi, puis apres la victoire en eſt bien plus facile. Vous l'allez voir, Mes freres, par l'exemple du Fils de Dieu, qui ayant vaincu les mouuements de la nature, qui s'oppoſoient au deſſein, qu'il auoit de mourir pour nous; il a incontinent mis en deſordre, toutes les troupes de ſes ennemis; en effet, dans l'eſpace de peu d'heures, il a défait les forces des Romains, les ruſes de Iuifs, la malignité des Pontifes, l'inſolence d'Herodes, l'iniuſtice de Pilate, l'Empire de Sathan, les tortures de la douleur, les horreurs de la mort. Tellement que nous pouuons compter les heures de ce iour fortuné, par le nombre des victoites qu'il a remportées, & nous pouuons dire, du Texte Sacré, qui nous les raconte, non ſeulement, ce que diſoit l'Orateur Romain, parlant de Thucydide; qu'il ſemble, que dans les deſcriptions des batailles, ſon ſtile tient quelque choſe du ſon de la trompette; mais encore, ce que diſoit vn ancien Pere, des ouurages de Tertullien, *Quot ſenſus, tot victoriæ*, autant de periodes, autant de victoires. Parcourez, ie vous prie, des yeux, l'hiſtoire de noſtre paſſion, & vous découurirez facilement cette verité.

Car noſtre IOSVE, n'eſt pas ſi toſt ſorty victorieux de ce premier combat, où il a vaincu la Nature, qu'il s'en preſente incontinent vn ſecond, où les ennemis ne paroiſſent pas vn à vn, mais en troupe, & à la foulle; & neanmoins diſpoſez en ordre & en corps d'armée : Armée formidable en son nombre, terrible en sa démarche ; mais sur tout considerable, pour la nouueauté de sa disposition & la qualité des hommes & des nations, dont elle est composée. En l'auantgarde, marchent les Iuifs & les Archers en forme d'enfans perdus, sous la conduite de Iudas, le plus perdu de tous. En la battaille, ie voy quantité de valets insolens, de pages embattonnés, qui sont d'ordinaire à la suite des grands Prelats ; Ie voy les Scribes, les Pharisiens, les Prestres & tout l'attirail de la Cour Ecclesiastique ; sous la charge des souuerains Pontifes, ANNE ET CAIPHE. Enfin dans l'arrieregarde ; ie remarque les troupes de gens de pied & de cheual, qui composent les legions & les cohortes Romaines, sous la charge d'Herodes & de Ponce-Pilate. Mais ſur tous commande vn *Generaliſſime*, dont le nom ſeul eſt effroyable, l'experience enuieillie dans les crimes plus abominables, les exploits remplis de violence, de cruauté, d'injuſtice & d'vne extreme Tyrannie. C'eſt Sathan.

Vous voyez bien, CHRESTIENS, que tous eſtats & toutes qualités d'hommes & de Demons, ſe ſont accordez enſemble, pour la ruine du Iuſte : laiſſons pour le preſent les Demons à part. Tous les hommes ſe diuiſent ordinairement & commodément, en trois ordres ; Celui du, Peuple, voila la multitude des Iuifs ; celui de la Nobleſſe, voila Herodes & Pilate ; celui du Clergé & voila Anne, Caïphe & les Preſtres. *Quare fremuerunt gentes* ? s'écrie le Prophete Roy ; au ſujet de ce qui se passe aujourd'huy, en la personne du Fils de Dieu, & *Populi meditati sunt inania: Astiterunt reges terræ, & Principes conuenerunt in vnum, aduersus Dominum & aduersus Christum eius.* Les reconnoissez vous à leur liurée? N'est-ce pas de ces malheureux, qu'il parle clairement? *Gentes & populi, Reges & Principes,* Le peuple, les Rois & les Princes de l'Eglise; trois chefs de la conspiration, faite pour opprimer le Messie. Mais leurs desseins s'euanouiront en fumée, leurs conseils ne reüssiront à rien & toutes leurs forces tomberont incontinent à la renuerse.

Cecy nous est parfaitement bien representé, MESSIEVRS, par la victoire de Iosuë, sur la ville de Hiericho; Hiericho, qui signifie la lune, symbole tres-excellent des puissances du monde, qui ne demeurent iamais en vn mesme estat, qui paroissent aujourd'huy auec vn éclat nompareil & demain sont enuelopées dans les tenebres de l'aduersité; bref qui n'ont de constance, qu'en leur changement & en leur varieté continuelle ; Mais ce qui rend cette victoire plus miraculeuse & plus figure de celle du Fils de Dieu ; C'est, CHRESTIENS, que Iosüe, par ordre qu'il reçoit du Ciel, commande aux Prestres de porter l'Arche en procession, alentour de cette ville ennemie ; & incontinent, comme si toute l'enceinte de ses murailles, eust esté sappée de longue main, & heurtée de tous costés, en mesme temps, auec des machines de guerre, elles tombent en vn instant : De tant de forts & de tours, qui comblent ses fossez, il ne s'en fait qu'vne seule bréche, pour seruir de passage au victorieux. Hé n'est-ce pas ce qui arriue à cette auantgarde Iudaïque, pleine d'embusches & de trahison, si tost qu'elle est abordée par cette arche viuante, ie veux dire Iesus-Christ? Car aussi-tost qu'elle a demandé le, QVI VIVE, & que le Fils de Dieu luy a dit, C'EST MOY; frappée de ces parolles, comme d'vn coup de foudre, elle tombe à terre à la renuerse. Nous lisons dans les fables d'Homere; qu'Achille, tout desarmé qu'il estoit, paroissant sur le rempart du Camp des Grecs, espouuenta tellement les Troyens du son de sa voix, qu'il mit toutes leurs troupes en desordre & en fuite: Que la reputation d'vn Capitaine, donne de l'effroy à ses ennemis, cela n'est pas nouueau; la renommée des Chefs a plus gaigné de batailles, que la force & la multitude de leurs armées : Mais que le ton de la voix d'vn ſeul homme ſans armes, mette tout vn regiment par terre, certes cela eſt ſans exemple dans l'hiſtoire. C'eſt ce qui eſt arriué pourtant en la perſonne de Ieſus-Chriſt, ce qui mõſtre bien, CHRESTIENS, que ſa force eſt plus qu'humaine, puis que ſa voix eſt ſi forte, & ſi efficace. Auſſi eſt-ce la voix du Seigneur ; cette meſme voix qui fait les tempeſtes, les orages & les foudres ; cette meſme voix qui prononce les Arreſts du Ciel, auec tant de vertu & de magnificence ; cette meſme voix, qui froiſſe les Cedres du Liban, & qui fait trembler les montagnes & le deſert de Cades : & pour vous l'exprimer encore auec vn effet plus connu ; cette meſme voix, qui depuis a renuerſé ce grand

Sainct Paul, encore ennemy, de l'Eglise, auec les mesmes termes: *Ego sum Iesus, quem tu persequeris.* C'est elle qui iette par terre, comme vn vent impetueux, cét escadron de Iuifs furieux & determinés, qui pensoient se saisir sans resistance, d'vn homme qui leur paroissoit foible; & qui en effet estoit abandonné de tout secours humain.

Ou sont maintenant ces hommes si resolus? Où sont ces ministres à gages, des passions des Pharisiens? à quoy leur sert d'estre armés de pied en cap; tant de boucliers & tant d'éspées? la seule voix d'vn homme, qui leur prononce d'vn ton asseuré, *Ego sum.* C'est moy; escarte, disipe, renuerse cette troupe animée par la haine des Pontifes, asistée de la force & de l'authorité du Magistrat Romain. Certes, il y auoit vn Dieu caché dans cette chair humaine ; & ce iour, ou plustost ce Soleil Eternel, estoit tellement couuert de ces membres corporels & sensibles, comme d'vn nuage ; que ces enfans de tenebres, estoient contraints de le chercher, auec des flambeaux, dans la nuit du siecle. Neaumoins il se fait bien paroistre, c'est MOY, dit-il, & incontinent voila l'impieté par terre; Hé que ne fera-il point, Mes freres, celuy qui parle de la sorte & si efficacement, quand il est prest d'estre iugé par des hommes, lors qu'il sera assis dans son Tribunal eternel, pour iuger les viuants & les morts? Que ne fera-il point, lors qu'il sera seant dans son Throsne Celeste, enuironné des Anges, luy qui a pû faire vn tel miracle, au milieu de la violence; que l'on exerçoit sur sa liberté?

Meditons cela, CHRESTIENS, & prenons garde, que cette voix & ces mesmes paroles, qui nous sont si fauorables dans l'Euangile, *Ego sum, nolite timere*, par lesquelles le Fils de Dieu nous appelle à luy auec tant de faueur & nous presente ses graces auec tant de liberalité, ne nous soient vn tõnerre formidable, comme aux Iuifs, à ce dernier iour; puis que nous sommes tombés, comme eux, à la renuerse & que ce qui leur est arriué auiourd'huy, malgré eux, par la force de la parolle de Iesus-Christ, nous arriue volontairement tous les iours, ne voulant pas escouter cette parolle diuine. Combien de fois, au lieu de nous laisser rauir doucement, aux inspirations qui nous sont données, soit par la parole interieure du saint Esprit, soit par l'exterieure, de la predication de l'Euangile, auons nous fait la ſourde oreille? Combien de fois, au lieu d'approcher de celui, qui nous inuite de venir à luy, auec tant de bonté, auons nous reculé en arriere, comme des animaux vicieux, que l'on flatte & que l'on picque meſme inutilement, pour les faire releuer de leur cheute? Sus, CHRESTIENS, debout, imitons ſalutairement, la procedure inique des Iuifs: Leuons nous de cette terre, que nous aymons auec tant de paſſion, pour mettre Ieſus-Chriſt dans les liens de noſtre amour, ou pluſtoſt laiſſons nous engager dans les chaiſnes agreables de ſa dilection, tandis que ces barbares le lient, le garrottent, le mettent aux fers pour le tranſporter au Tribunal des Pontifes.

Mais que faites vous, ô Iuifs, auſſi

ridicules & imprudens pour le moins, que vous estes cruels : L'affront de vostre cheute & la honte que vous venez de receuoir, par la declaration de vostre foiblesse, ne vous est pas arriuée par la force des bras du Redempteur ; pourquoy donc les enchaisnez vous ? Elle ne vous est pas arriuée par la roideur & la force de ses membres ; pourquoy les traisnez-vous auec violence ? c'est sa parolle qui vous a deffaits ; c'est vn coup de sa langue, qui vous a tous foudroyés, que ne vous mettez vous donc en peine, de luy fermer la bouche, ou de luy arracher la langue ? Si auec deux mots il vous a mis par terre ; s'il luy plaist d'en prononcer dauantage, il vous enuoyera iusques dans le centre des Enfers. Ie vois bien, ô Sacrileges, qu'il est en vostre pouuoir, puis qu'il luy plaist ainsi, de luy lier les mains; il est en vostre pouuoir, de luy percer les pieds, enfin de luy deschirer tout le corps; mais il n'est pas en vostre pouuoir, de luy oster la parolle, puis qu'il est le Verbe Eternel, la parolle immortelle, parolle qui est l'arme & l'instrument de la victoire, qu'il va obtenir sur les Pontifes, aussi bien que de celle qu'il a deja remportée sur leurs Emissaires.

Ce n'est pas, MESSIEVRS, vne grande victoire, que de mettre en fuite des Prestres & de battre des gens d'Eglise; leur profession eloignée des exercices de la guerre, les expose facilement à l'injure, & ceux qui les attaquent par voye de fait, peuuent bien passer pour impies & sacrileges, mais non iamais pour gens de courage. Ce sont des actions noires & criminelles, de mettre la main sur les personnes sacrées, mais de repandre leur sang, c'est vn crime digne d'Achab & de Iezabel : C'est l'abomination de desolation, predite par Daniel le Prophete. Quand nous lisons, que les persecuteurs des premiers Chrestiens, ont exercé tant de cruauté contre eux; nous nous contentons de les haïr comme des bourreaux; Mais quand nous lisons, que leur rage s'est saoulée des supplices des Diacres, des Prestres & des souuerains Pontifes ; nous les detestons auec execration, comme des demons cachez sous des visages d'hommes. Ne vous imaginez donc pas, MESSIEVRS, que Iesus-Christ aille faire vn carnage, de ceux qu'il reconnoist estre assis dans la chaise de Moyse ; ni qu'il aille mettre

mettre à mort ceux pour lesquels il va mourir à la Croix. Cette victoire, ce combat n'est sanglant que des playes du victorieux ; & l'auantage qu'il obtiendra sur eux, ne depend pas des ruses & des stratagemes de guerre ; mais de l'excellence & de la subtilité admirable de son Esprit, & de l'efficace de sa parolle diuine, dont ils ont déja plusieurs fois esprouué la force en differentes rencontres. C'est ce qu'il leur reproche en refusant de répondre à leurs impertinentes demandes ; les faisant souuenir, qu'il auoit tant de fois mis en desordre les plus habiles d'entr'eux. *Si vobis dixero, non credetis mihi ; si autem & interrogauero, non respondebitis mihi*, Comme s'il leur disoit ; A quoy me seruira t'il de vous repeter icy, la doctrine que ie vous ay tant de fois preschée publiquement & que i'ay confirmée auec tant de miracles ? Ie peux vous vaincre; mais vostre endurcissement & vostre opiniastreté ne veut pas que ie vous persuade. Voulez vous reuenir encore aux prises auec moy, apres que ie vous ay tant de fois battus ? Souffrez vn peu, grands Docteurs, qui deuez auoir vne intelligēce parfaite des Escritures & de la Doctrine de salut; souffrez vn peu que ie vous interroge, que ie vous questiōne vn peu? Ils ne veulēt point venir à cette espreuue, MESSIEVRS, Ils se souuiennent des fuites honteuses & des disgraces, qui leur sont arriuées, toutes les fois qu'ils ont voulu entrer en conference auec Iesus-Christ & notamment de l'affront signalé qu'ils receurent, quand il leur proposa la question, touchant le baptesme de saint Iean; question si importante, à laquelle toutefois, ils n'eurent ni la ſuffiſance, ni le courage de répondre. *Neſcimus*, diſent-ils ; Vous voila deffaits ; vous voila vaincus, par voſtre confeſſion propre, ô Pontifes, ô Preſtres. Certes il faut qu'vn Philoſophe ; qu'vn Docteur, ſoit preſſé de bien prés, quand il eſt reduit à cette infame parolle. C'eſt auec d'eſtranges douleurs d'eſprit & des tranchées bien violentes de dépit & de honte, que la vaine ſcience enfante cet auāt-terme, *Neſcio*. Sans mentir il eſt moins honteux à celuy, qui ſe voit porté par terre par ſon ennemy, de luy rendre l'Eſpée & de luy demander la vie, que non pas à vn diſputant, de rendre les armes à ſon antagoniſte & de confeſſer ſon ignorance : Car nous ne ſommes pas garants de la force de nos bras & de la vigueur de nos corps, qui sont presque tout dans les combats de main ; Nous aduouërons facilement qu'vn Geant est plus robuste que nous : Mais quant à l'esprit, nous croyons tous en estre partagés suffisamment & qu'il ne tient qu'à nous, & s'il n'est assez fort pour deffendre nos opinions, des aduis contraires, tellement que lors qu'il arriue, que nous sommes surmontés en cette partie, nous auons beaucoup plus de fascherie & conceuons plus de dédain, que si nous estions défaits en vn combat de bras & d'escrime : c'est l'estat infame, où en est reduite l'eschole Iudaïque, *Nescimus*, nous ignorons.

Quoy donc, les leures du prestre, qui sont les thresorieres de la science, payent elles de cette monnoye? certes la prophetie d'Isaye, alleguée par saint Paul en la premiere aux

Corinthiens, eſt accomplie : *Perdam ſapientiam ſapientium & prudentiam prudentium reprobabo. Vbi ſapiens, vbi ſcriba, vbi conquiſitor huius ſæculi?* Ie confondray, dit l'Eternel, la ſageſſe des Sages & ie mettray leur prudence en deſordre. Où eſtes vous donc maintenant, ſçauans Preſtres, qui faittes profeſſion particuliere de doctrine? Où eſtes vous, Scribes, qui reſpondés ſur le champ à toutes les propoſitions, que l'on vous peut faire, ſur la loy Iudaïque? Où eſtes vous, eſprits curieux, qui n'ignorez pas, non plus que Moyſe voſtre maiſtre, la Sapience des Egyptiens & qui auez ioint la cognoiſſance des lettres humaines aux diuines? Tournez teſte; rendez vn peu de combat, afin que la victoire du Fils de Dieu ſoit plus illuſtre; ne vous cachez pas laſchement dans le retranchement du *Nescio.* Et neaumoins, comme l'ignorance est bien souuent accompagnée d'orgueil & de bonne opinion de soy mesme; ces Messieurs qui ne peuuent respondre, se veulent mesler d'interroger les autres, voire mesme celuy en qui sont recueillis, dit l'Apostre, tous les thresors de la science & de la sagesse de Dieu.

Caïphe donc, comme souuerain Pontife, assis dans vne chaize magnifique, auec vne majesté sacerdotale, interroge Iesus-Christ. *Tu es Christus filius Dei benedicti?* Voila le dernier ressort de l'ignorance & de la malice Iudaïque · Si Iesus, nie qu'il soit le Christ & le Messie, nous le tenons conuaincu de vanité, de fausseté, d'imposture; nous sommes bien fondés à luy faire son proces, comme à vn imposteur, qui s'ingere contre l'ordre, dans le ministere de la religion. Nous escarterons facilement ses Sectateurs & ses Disciples ; nous dirons que ses miracles, sont des effets de la magie & du commerce qu'il a auec les Demons ; Bref il nous sera facile de ruiner entierement cette faction: Mais si au contraire il aduoüe qu'il est le Christ, Fils de Dieu ; nous le tenons encore plus dangereusement pour luy : Nous dirons que c'est vn blasphemateur, qui veut s'egaller à Dieu mesme & s'attribuer des honneurs diuins, parmi les hommes ; & en cette qualité nous le lapiderons cruellement & nous luy ferons souffrir la peine, que la loy a imposée aux blasphemes : Ou bien, d'autant que ce nom & cette qualité de Fils Dieu, emporte & enclôt necessairement vne espece de royauté ; nous le rendrons suspect & criminel, enuers les puissances seculieres ; nous le mettrons entre les mains du Gouuerneur de la Prouince, comme vn seditieux ; & luy ialoux de l'authorité de son maistre, aura bien-tost expedié ce Roy pretendu, qui se fait compagnon de Cesar.

O Vaisseaux d'iniquité, qui presentez le poison de vos paroles mortelles au Fils de Dieu, de la mesme sorte, que ce spectre, qui parût à vn ancien, peu deuant sa mort, luy offroit vn Vase plein d'vne liqueur incognuë, en luy disant ; boys-en, & tu mourras, n'en bois pas, & tu mourras ; c'est à dire, il faut que tu meures, quoy que tu fasses, ou que tu dies : ta vie est venduë, ta mort est iurée, ton eschauffaut est dressé, ton sepulchre est ouuert ; de quelque maniere que tu respondes à nos demandes frauduleuses.

Et neaumoins, MESSIEVRS, deuant que de mourir, le Fils de Dieu va donner le dernier coup de la mort à la Synagogue, frappant sur sa premiere teste, qui est le souuerain Pontife. Tu me demandes, si ie suis le Christ, Fils de Dieu. *Ego sum*, ie le suis ; & voicy ; merueille estrange ! qu'au son de ces mesmes paroles, qui ont ietté par terre les Iuifs, dans le Iardin des Oliues ; le Pontificat est renuersé ; voila Iericho par terre & la Synagogue ruinée. Le souuerain Pontife MESSIEVRS, auquel il estoit deffendu expressement, au Leuitique, de rompre ses vestemens ; en quelque occasion que ce fût ; déchire ses habits Sacerdotaux & met en pieces les ornemens de sa dignité : Que veut dire, ie vous prie, cette action, pleine de fureur & d'enthouſiaſme ? Eſt ce vn effect de la pieté de cet homme de bien, qui s'imagine que le nom de Dieu , eſt blaſphemé par Ieſus-Chriſt? Rien moins, MESSIEVRS, il y auoit auſſi peu de blaſpheme aux paroles de Ieſus-Chriſt , quand il eût eſté vn pur homme, qu'en celle-cy de Dauid ; *Ego dixi dij eſtis & filij excelſi omnes* : Mais cét impie, qui en qualité de grand Preſtre, auoit prononcé ces diuines paroles, *Expedit vt vnus homo moriatur pro populo* , Il faut qu'vn ſeul homme meure pour le ſalut de tout le peuple ; comme vn aduis politique ; mais que l'Euangeliſte a canoniſé , comme vn Arreſt d'abſolution , pour tout le Monde ; celui-là meſme , penſant faire le zelé & temoigner vne paſſion extraordinaire contre le blaſpheme , déchire ſes veſtemens, luy qui eſt le grand Preſtre : c'eſt pour nous montrer viſiblement, CHRESTIENS, que le Sacerdoce Iudaïque eſt expiré & que la Synagogue eſt défaite. On n'a plus que faire d'ornemens Pontificaux, on n'a plus beſoin de Rational, d'Ephod, de Clochettes : On n'a plus beſoin d'Autel des Holocauſtes, des pains de propoſition, ni meſme du Sanctuaire : Il eſt profané, le voile eſt rompu, les ombres des choſes futures ſont diſſipées, comme dit Saint Paul, voicy le corps meſme de Chriſt; Ie veux dire ſa perſonne Sacrée, qui eſt le Souuerain Preſtre, ſelon l'ordre de Melchiſedec, qui s'en va luy meſme eſtre la victime de ce grand ſacrifice, qui eſt la fin de tous les autres & le commencement de celuy qui durera, iuſques à la conſommation des ſiecles. Retirez vous donc, Pontifes & Leuites, Scribes & Phariſiens ; voſtre pouuoir eſt reuoqué, voſtre ordre aboly, voſtre authorité caſſée ; & ſi l'on vous ſouffre encore quelque temps, ce n'eſt qu'en qualité de pleureurs en habit déguiſé & de crieurs publics, qui enſeueliſſent la Synagogue auec quelque honneur, & qui aſſiſtent à ſes funerailles. Voila les puiſſances Eccleſiaſtiques défaites par Ieſus-Chriſt, voyons comme il traitte les ſeculieres.

Celles-cy, MESSIEVRS, ſont bien plus difficilles à vaincre en apparence : Elles ſont horribles de fer ; elles ont la force & la violence de leur coſté ; ces noms de Rois, de Proconſuls, de Gouuerneurs de Prouince pour le peuple Romain, ſont formidables : on ne ſçauroit aborder leurs Throſnes & leurs Tribunaux ſans emotion : Mais qu'vn homme ſeul, pretende de les attaquer, au milieu de leurs gardes & de leurs armées, à force ouuerte; certes cela ſeroit & furieux & ridicule. Auſſi, MESSIEVRS, ſi Ieſus-Chriſt decouure aujourd'huy la foibleſſe de leurs puiſſances & s'il la mépriſe; c'eſt en qualité de Dieu & de ſouuerain Monarque du Ciel & de la Terre : luy, par qui les Rois regnent & les Empires ſont eſtablis; luy, dont tous les Souuerains du monde tiennent leurs Sceptres & leurs Couronnes en fief & à qui ils en doiuent demander l'inueſtiture. A Dieu ne plaiſe, CHRESTIENS, que ie vouluſſe introduire dans l'eſprit des hommes, le meſpris des Puiſſances que i'honore, puis que Dieu me le commande; que ie voulusse decouurir l'endroit par où ils sont foibles ; moy qui voudrois reparer les bresches, par où l'on peut les attaquer, de mon propre corps : ie sçay rendre auec soumission, à des Princes Tres-Chrestiens, ce que Iesus-Christ me commande de rendre à Cesar, tout Payen & tout infidele qu'il estoit : Mais rendons aussi aujourd'huy à Dieu, ce qui appartient à Dieu ; ne le frustrons point de sa gloire.

Reconnoissons par ces paroles que Iesus-Christ prononce si asseurement, au milieu des Masses & des Licteurs, à la face d'vn Magistrat assis dans son Tribunal, qui represente la Majesté du peuple Romain. *Non haberes potestatem aduersum me vllam, nisi tibi datum esset desuper* : Reconnoissons, dis-je, que cette puissance, qui est si grande & presque diuine, en la perſonne des Rois, à l'endroit de leurs ſujets, eſt moins qu'humaine & n'ont preſque rien deuant Dieu. *Non haberes poteſtatem.* Pauure homme, qui te vantes d'auoir droit de vie & de mort ſur moy, de pouuoir me deliurer de la captiuité, où ie ſuis maintenant; ou de me faire attacher deſſus vn bois funeſte; ſçaches, que perſonne ne me peut oſter la vie, à ſa volonté; mais que ie me peux expoſer à la mort, quand bon me ſemblera: ſçaches, que cette puiſſance, dont tu fais tant de bruit, s'éuanouïra, quand il me plaira, en vn moment; que ces Archers qui t'enuironnent, tourneront la pointe de ces meſmes armes, qu'ils portent pour ta deffence, contre toy; qu'apres auoir gouuerné cette Reine des Prouinces, où tu regnes auec tant de pompe, tu ſeras honteuſement banny de ton païs & que tu finiras tes iours auec deſeſpoir, dans vne meſchante ville des Barbares. Et toy, ô Tetrarque, ô Roitelet de Galilée, qui ne poſſedes que la quatriéme partie du Royaume de l'abominable Herodes, mais qui as herité du total de ſa cruauté & de ſes vices, qui es ennemy iuré de l'innocence auſsi bien que luy; ioüe toy, tant que tu voudras, de ton Roy & de ton MAiſtre & le traittes comme vn fou, auec meſpris & riſée; charges ſes eſpaules d'vne robe blanche: il peut t'oſter la pourpre, quand il voudra, de deſſus les tiennes; s'il luy plaiſt de commander à l'Empereur, dont tu n'es qu'vn inſtrument de ſeruitude, il ſe jouëra de toy & te rendra plus eſclaue, que ceux à qui tu commandes: Enfin, quand il plaira à ſa Iuſtice diuine, il vous mettra tous deux, l'Empereur & toy, entre les mains de Sathan, pour luy ſeruir de joüets, de marottes & de bouffons pour diuertir ſa cruauté. Ce ſont les termes du Prophete. *Tyranni ridiculi eius erunt*, les Tyrans, ſeront le ſujet de la riſée & de la moquerie du Diable.

Cependant, admirons, CHRESTIENS, la prouidence du Pere Eternel, qui du milieu de l'ignominie, que l'on pretend de faire à ſon cher fils, ſçait en tirer les plus beaux traits de ſa gloire; & qui des inſtrumens de ſes opprobres, luy compoſe les ornemens de ſa glorieuſe ſoueraineté, ſur tous le Potentats de la terre. Il permet donc non ſeulement qu'Herodes le reueſtiſſe d'vne robe blanche, & Pilate d'vne caſaque de pourpre, couleurs & habits qui n'appartiennent qu'aux Rois, comme obseruent les plus doctes interpretes ; mais encore il souffre, que l'on luy mette vne couronne de poignantes espines sur la teste, qui percent sa chair & s'y attachent ; de sorte que cette couronne demeure ferme, inesbranslable & ne peut tomber à terre. C'est par derision, ce qu'en font les Iuifs & les Romains, ie l'aduoüe : C'est par mespris qu'ils se mettent à genoux deuant Iesus-Christ auec ces paroles d'vne tres-fausse humilité. *Aue rex Iudæorum*. Toutefois, MESSIEVRS, si nous y regardons de prés, cette risée est vn presage certain, que ces deux peuples adoreront vn iour, ce Roy depoüillé, dans le Throsne de sa Croix ; & cette Couronne qu'il porte sur la teste, nous cache vn grand mystere.

Auſſi l'Epouſe nous inuite, longtemps deuant, à vn ſi eſtrange ſpectacle. *Egredimini*, dit-elle, *& videte Regem Salomonem, in diademate quo coronauit eum mater ſua*; *id eſt Synagoga*, dit la gloſe ordinaire. *Egredimini, Egredimini, mente è prætorio Pilati*: s'eſcrie le Docte & pieux Rupert. Sortez en eſprit du Pretoire de Pilate: Oſtez de voſtre imagination la ſellette, ſur laquelle eſt aſsis Ieſus-Chriſt, c'eſt vn throſne; ce n'eſt point icy le Tribunal de Pilate, c'eſt celui du Fils de Dieu: Ce n'eſt point vne couronne d'ignominie qu'il porte ſur la teſte; c'eſt vn diadême de gloire, qu'aucun orage de la fortune, aucune force humaine, ni angelique, ne ſçauroit arracher, tant elle y eſt bien & fermement attachée. *Regni eius non erit finis.*

Les Couronnes des Princes ont

des espines, à la verité, & des plus sensibles; & quoi qu'ils les portent sur la teste, elles penetrent iusqu'au cœur: Si est-ce qu'elles n'en tiennent pas plus ferme & n'en sont pas moins sujettes à tomber, pour cela. Helas, mes Freres, nous auons veu, par des illustres exemples, en ces derniers temps; que les diadêmes, ne couurent, ni du Soleil ni de la pluye, ceux qui les portent, & qu'ils n'empeschent pas qu'ils ne soient exposés aux plus dangereux orages de la fortune. Nos Peres ont veu, la premiere & la plus noble Couronne de la Chrestienté, foulée aux pieds par des bourreaux, en la personne d'vne Reine d'Escosse, Doüairiere de France; & par la mort violente de cette Princesse, tous les Rois de l'Europe, declarés morts, d'vne mort ciuile & leur Majesté abbatuë & violée, par vne action ſi funeſte. Il eſt vray qu'en meſme-temps, qu'on luy rauiſſoit cette Couronne periſſable, par vn indigne ſupplice ; elle s'en mettoit vne plus illuſtre & plus aſſeurée ſur le front, par vn glorieux Martyre. Ce qui fait bien paroiſtre, MESSIEVRS, que la gloire du vray Chreſtien, ſe tire bien ſouuent de l'humilité & de l'ignominie, & que l'exemple du maiſtre doit influër ſur les Diſciples : Luy qui trouue dans les opprobres du roſeau, dans l'infamie d'vne couronne d'eſpines, dequoy mettre aux pieds de ſa Croix, tous les Sceptres & les Diadêmes du monde ; bref dequoy renuerſer cette orgueilleuſe Iericho, cette Cité de la Lune ; ſymbole des Royaumes du monde & de toutes les puiſſances ſublunaires.

La fragilité des Couronnes des Rois, & leur dependance de celle de Iesus-Christ, qui est si ferme & si bien establie, leur deuroit, certes, faire d'estranges; mais vtiles & serieuses leçons, pour apprendre à regner, auec Iustice, & auec clemence, sur les peuples. Leurs Diadémes leur sont donnés, pour estre plus venerables, non plus terribles; leurs Sceptres pour regir & conduire, non pour frapper; leur espée pour deffendre, non pour meurtrir & massacrer les hommes. La fin pour laquelle Dieu les a establis, est de faire iouïr les Estats de cette felicité ciuile, qui consiste en la distribution equitable, des peines & des recompenses; à rendre à chacun ce qui luy appartient; à luy faire posseder, en paix & en tranquillité, les biens & les honneurs, acquis, par les voyes honnestes & legitimes. Cependant n'est-il pas vray, que la plus part des Souuerains, au lieu d'estre attentifs au dedans, pour gouuerner auec Iustice, l'Estat que Dieu a confié à leur conduite; tiennent incessamment les yeux ouuerts au dehors, auec vne ambition effrenée, d'estendre leurs limites & d'enuahir le bien d'autruy? De-là, ces guerres opiniastres & immortelles, qui tourmentent l'Europe; qui sont égallement funestes, à l'Estat & à la Religion; aux victorieux & aux vaincus; qui ruinent les Estrangers & les domestiques; qui sont enfin la source de tous ces desordres, qui font horreur à nostre imagination, & qui sont la calamité de tant de peuples.

Il est vray, que les plus grands Monarques de la Chrestienté, qui donnent le branſle à tout le reſte, ont eſté touchés de la compaſſion, de tant d'oppreſſions & de miſeres. Ils ſe ſont ſouuenus de leur nom; d'Empereurs fidelles & Deffenſeurs de l'Egliſe; de Rois Tres-Chreſtiens & de Princes Catholiques; & pour appaiſer ces guerres cruelles, ils ont deputé leurs Ambaſſadeurs & leurs Plenipotentiaires, en cette capitale de la Vveſtfalie. Ie les voy tous les iours, pour ainſi dire, le Caducée à la main, trauailler auec vn ſoin infatigable & des peines incroyables, à vn ouurage ſi important & ſi deſiré de toute la terre. Ouy, MESSEIGNEVRS, ie peux dire, que ie voi ſous mes yeux auiourd'huy, toute la prudence humaine, aſſemblée en vos perſonnes; toutes les lumieres de la raiſon; toutes les connoiſſances, plus penetrantes de la politique; toutes les raiſons d'Eſtat, qui s'empreſſent, qui s'eſtudient, qui veillent inceſſamment, pour faire reüſſir vne ſi grande entrepriſe: Mais permettez moy, MESSEIGNEVRS, dans la liberté, que me donne la qualité de Predicateur Euangelique; dans le tranſport du zele, que m'inſpire la ſainteté de ce jour, auquel Ieſus-Chriſt a pacifié, au prix de ſon ſang, toutes choſes, comme dit l'Apoſtre. Permettez moy de vous dire; que pour acheuer heureuſement l'ouurage de la paix, entre des Chreſtiens; il eſt neceſſaire, que la prudence humaine cede quelque fois à la ſageſſe diuine; que le diſcours de la raiſon, defere vn peu aux mouuemens de la foy; & que les intereſts de la Religion, preualent à quelques eſperances incertaines, que vous peut donner la politique.

Ie ne doute point, MESSEIGNEVRS, qu'il n'y en ait pas vn de vous qui ne desire passionnement la paix: Ce nom est capable d'adoucir les esprits les plus farouches; & l'honneur de vous voir en benediction, à tant de nations & à toute la posterité, pour luy auoir procuré vn si grand bien, est vn charme bien puissant, sur les ames desireuses de gloire: Ie ne doute point, que vous ne soyez préts, mesmes des aujourd'huy, d'entrer dans le Iardin des Oliues, auec les Apostres, pour y recueillir ce mysterieux fruit, dont le goust est si delicieux, aux hommes de bonne volonté, & qui est la felicité des Monarchies & des Republiques: Mais ie ne sçay; pardonnes encore vn coup à mon zele; si vous estes tous disposés, d'escouter

& d'executer les ordres que le Fils de Dieu y prescrit à ses Disciples. *Vigilate & orate, vt non intretis in tentationem.* Veillez, priez & sur tout prenez garde, de ne pas succomber à la tentation : De vray, ne vous y endormez vous point vn peu trop long-temps, auec les Apostres? Il y a quatre ans, MESSEIGNEVRS, que vous estes assemblés en ce lieu, sans que vos bonnes intentions & vos loüables trauaux, ayent produit encore aucun effet, qui puisse satisfaire aux ardents desirs & à la juste impatience de tant de peuples. Ne semble-t'il pas, que toutes les peines & les fatigues, que vous vous donnez, sont semblables au sommeil d'vn homme qui dort, & qui cependant est trauaillé d'vn songe inquiet & laborieux, qui le met tout en sueur, sans qu'il puisse esperer aucun fruit, de tant de peine? *Vigilate, Vigilate*, Ouurez enfin les yeux de vostre pitié, sur la desolation de tant de Prouinces, sur la misere de tant de nations, sur les desordres effroyables, que cause vne si longue guerre. *Non intretis in tentationem.* Que la tentation d'vn succez apparent; que l'esperance, aux vns, du progrez de leurs victoires, aux autres du recouurement de leurs pertes; ne vous empesche pas de conclure, vn traitté si necessaire à tous les deux partis. Vne place de plus, vne place de moins; peut elle enrichir vn grand Roy de France; peut elle appauurir vn puissant Roy d'Espagne?

Certes, MESSEIGNEVRS, quand ie considere ces deux grands Monarques, les plus puissans, sans doute, non de la Chrestienté; mais de la terre habitable ; Il me semble que l'vn, ie veux dire le nostre, le Roy Tres-Chrestien, est comparable à vn Ocean, que tous les fleuues, qui s'y respandent de tous costés, ne peuuent augmenter : Il est tousiours egalement plein, profond & vaste. Les richesses prodigieuses d'vn Roy de France, la source inespuisable de ses hommes, la multitude incroyable de ses Villes ; ne peut estre gueres augmentée, que de conquestes superfluës & presque inutiles. Ce Royaume inuincible suffit à soy mesme, & peut faire teste luy seul, à toute l'Europe. D'autre costé, le Roy Catholique, ie veux dire le Roy d'Espagne, possede vn Empire d'vne si grande estenduë, qu'il me séble comparable à vn Fossé d'vne excessiue longueur, à qui, plus on le creuse, plus on luy oste de terre ; &

plus on le rend grand & large;& plus il paroist difficile à franchir, & à surmonter : Sa diminution fait sa grandeur & sa force, il croist de son dommage & peut seruir quelquefois de precipice, à ses aduersaires. C'est en vain que ces deux puissans Monarques, voudroient se detruire l'vn l'autre ; cela ne se peut : Dieu est trop bon & trop misericordieux, pour le permettre ; que deux Freres, liés par tant d'interests, de sang & de Religion, se ruinent par des discordes irreconciliables.

Mais, grands Rois, & souffrez vn peu, par cette clemence & cette bonté, qui vous est si naturelle, que ie m'addresse à vos Majestés ; puis que ie peux vous voir & vous parler, en la personne de vos plus chers Ministres, qui sont, pour ainsi dire, & les yeux clair-voyants & les oreilles fidelles des Princes. Si Dieu eſt miſericordieux ; s'il fait paroiſtre aujourd'huy les excez de ſes miſericordes ; redoutez toutefois la ſeuerité de ſa Iuſtice. Ce Roy couronné d'eſpines, dont vous n'eſtes que les Vaſſaux, vous demandera compte vn iour de ces Couronnes de perles & de pierres precieuſes, que vous portez auec tant d'éclat & de pompe : Ce Roy, qui porte vn rozeau dans la main, vous fera rendre raiſon, de ces Sceptres d'or, dont vous vous parés ſi magnifiquement : Ce Roy, dont la Croix eſt le Tribunal, dont les tiltres ſont vn Eloge de ſupplice, IESVS NAZARENVS REX IVDÆORVM, vous examinera rigoureuſement, ſur le fait de l'adminiſtration de vos throſnes & des Prouinces, qui compoſent les qualitez ſuperbes de voſtre Royauté.

Ie vous ay fait mes Lieutenans en ce monde, pour eſtre les Diſpenſateurs de ma Iuſtiee, ſur les autres hommes. Ie vous ay mis en vn eſtat, qui n'eſt gueres moindre que celuy de mes Anges; ils donnent le branſle aux corps celeſtes, vous donnez le mouuement à toute la machine de la terre : Ie vous ay couronnés d'honneur & de gloire & ie vous ay eſtablis, ſur les plus beaux ouurages de mes mains ; Enfin i'ay mis ſous vos pieds, tous les autres mortels. Ie vous ay donné des richeſſes immenſes, des peuples nombreux, des ſujets infinis : De quelle maniere les auez vous diſpenſées ? comment les auez vous gouuernés ? de quelle ſorte auez vous traitté mes creatures, qui ſont faites à ma ſemblance auſſi bien que vous ? Ie vous ay donné de grandes armées, de terre & de mer; pour

pour vous rendre formidables aux Turcs & aux infidelles ; pour tenir les heretiques dans le deuoir ; pour la protection & la deffence de mon Eglise : Cependant elles ruinent mes temples : Elles violent mes autels; elles desertent les Prouinces Chrestiennes ; tandis que l'ennemy de mon nom, ne se contente pas d'vsurper le païs, que i'ay consacré aujourd'huy par mon Sang ; & qui fut conquis autrefois, si genereusement, par vos Peres ; mais il estend toûjours ses limites & il bastit desia ses Mosquées, sur les ruines de la miserable Candie.

Vous ne trouuerez pas estrange, MESSEIGNEVRS, si le iuste reproche, que le Dieu des armées, fera aux Princes, qui auront abusé de celles, qu'il a confiées à leur conduite, me remet en l'esprit, vn euenement funeste & memorable, arriué autrefois en cette Prouince. Vostre curiosité ne vous permet pas d'ignorer; que les lieux voisins de cette ville, sont ceux mesmes, où auint cette fameuse defaitte des legions Romaines, sous Quintilius Varus. Nous nous promenõs tous les jours, sur les vestiges d'vn si sanglant carnage. Ce Proconsul, negligeant la discipline de son armée & encore plus de gouuerner auec justice, les peuples qui luy estoient commis par l'Empereur, attira leur reuolte. Trois legions entieres, c'est à dire, vingt à trente mille hommes, furent passez au fil de l'espée, & massacrés sans resistance. Auguste, surpris de cette effroyable nouuelle, s'emporte iusqu'à la fureur & au desespoir & s'escrie, *Vare redde Legiones.* Ha, MESSEIGNEVRS, qu'il est à craindre ; que ce Souuerain, deuant qui les Rois & les Empereurs, ſont incomparablement moins, que Varus deuant Auguſte ; ne leur die, auec vne voix tonnante dans ſa diuine fureur; *Ludouice, Philippe, redde legiones.* Rendez moy compte, de mes legiõs, de mes armées, & de mes peuples.

Ces Chreſtiens & Religieux Princes, ſe veulent, ſans doute, garantir d'vne menace ſi terrible, & pour rendre bon compte à Dieu d'oreſnauant, de leur adminiſtration; ils voyent bien qu'il eſt neceſſaire, de faire vne paix generale. A cet effet, vous eſtes députez & aſſemblés en ce lieu ; Vous eſtes Plenipotentiaires de leurs Majeſtez. Cette glorieuſe qualité, MESSEIGNEVRS, vous met en plein pouuoir, de procurer vn ſi grand bien, à toute la Chreſtienté. Pourquoy differer dauantage? N'a t'elle point assez souffert? Ses playes, ne vous font elles point pitié? Son sang respandu de toutes ses veines, n'emeut-il point vostre charité à l'estancher & à luy conseruer ce qui luy en reste? Vous auez l'appareil en main: Helas seriez vous si impitoyables de ne le pas appliquer promptement à ses blessures? Si les playes, & le Sang de la Chrestienté, ne vous touchent point; he soyez touchez, des playes & du Sang de Iesus-Christ, c'est luy qui vous demande, & qui vous exhorte, qui vous conjure aujourd'huy, par sa cruelle & douleureuse mort, par le merite de son sang, par l'efficace de sa passion, de donner la paix à l'Europe affligée. Sa Passion, MESSEIGNEVRS, a eu vne influence merueilleuse, pour pacifier les esprits des hommes &

pour reconcilier les Princes. Ceux mesme qui estoient ses persecuteurs, qui ont prononcé sentence de mort contre luy, qui l'ont attaché à ce bois funeste, en ont ressenty les miraculeux effets. *Herodes & Pilatus amici facti sunt in illa die.* Deux ennemis passionnés, vn Iuif & vn Gentil, se sont reconciliés, comme au pied de sa Croix: & ses Principaux Adorateurs, des Empereurs fidelles, des Monarques Tres-Chrestiens, des Rois Catholiques, demeureront dans des discordes sans fin, dans des guerres irreconciliables? Non non, MESSEIGNERS, il n'en sera pas ainsi; & ie voy dans l'air de vos visages, ie ne sçay quel mouuement de tendresse; dans le regard de vos yeux, ie ne sçay quel signal fauorable; dans l'attention extraordinaire, qu'il vous plaît de donner, au ſaint emportement qui me fait aller en verité, comme malgré moy, bien plus loin que ie ne penſois; Ie vois dis-je, des eſperances certaines, d'vne prompte & heureuſe concluſion de ce Traitté. Cette ſainte journée, ne ſe paſſera point, qu'il ne ſe faſſe quelque démarche importante, pour paruenir à vn but ſi deſiré. Il y va de vôtre honneur chreſtien & de la reputation de vôtre pieté; que quelque article de conſequence & fondamental de la paix, ſoit datté du Vendredy ſaint; iour auquel Ieſus-Chriſt a reconcilié le Ciel auec la Terre.

En Verité, MESSEIGNEVRS, vos Alteſſes & vos Excellences ne feront point aujourd'huy, de ſtation ſi deuote & ſi agreable à Dieu, dans aucune Egliſe, que celle que vous ferez, chez MONSEIGNEVR le Nonce, en qualité de premier Mediateur & de Plenipotentiaire du saint Siege, pour vn si digne sujet. Sa maison, qui fait vne partie de ce deuot Monastere, où ie vous parle, est vrayment, le Sanctuaire des bonnes intentions, l'Oracle des Conseils salutaires; bref le vray Temple de la Paix. Entrez y MESSEIGNEVRS, entrez y à la foule; la porte en est tousiours ouuerte: Elle vous inuite, elle vous appelle, auec cette mysterieuse Inscription, tirée si ingenieusement, des saintes Lettres. *In conueniendo populos in vnum, & Reges vt seruiant Domino: Donec auferatur luna.* C'est icy, en effet, ou s'assemblent les peuples & les Roys, pour trauailler à vn ouurage, où il y va du seruice de Dieu, & d'vn Traité qui doit estre la ruine de la Lune & de ce Croissant, qui est le symbole de l'Empire des infidelles. Iesus l'Autheur de paix, fauorise vos bons desseins & me fasse la grace, de continuer le narré de ses victoires, qui l'ont acquise, auec tant de sang, de sueur, & de fatigue, à nos ames.

Voila donc la nature vaincuë, les Iuifs renuersés, les Pontifes degradés, les puissances seculieres subjuguées par nostre Iosuë; Mais puis que Iudas, les Iuifs, les Prestres, les Scribes, les Pharisiens, les Pontifes, Herodes & Pilate, ne paroissent, dans cette armée défaite, que comme des soldats particuliers, ou pour le plus, cõme de simples Capitaines; quel est, à vostre aduis, MESSIEVRS, le Chef d'vne si grande & si nombreuse multitude? Tant de nations diferentes, tant de conditions diuerſes d'hommes, tout âge & tout ſexe, auront-ils peu conſpirer vnanimement contre le Iuſte, ſans auoir vne teſte, qui remuât tant de bras & de mains, & qui leur inſpirât tant de courage, pour les animer à mal faire? Non certes, Chreſtiens, ces troupes ont vn chef & vn General, qui tout ſeul eſt encore plus formidable, que toute ſon armée. Auſſi merite t'il bien d'eſtre conſideré à part, & que l'on vous en faſſe vne deſcription exacte & particuliere.

Il eſt Capitaine & ſoldat; il employe la force & les ruſes; Il ſe moque de toutes les deffences, qu'on veut oppoſer à ſa fureur, il ſe rit de ces foſſez, qui ſont creuſez iuſques aux Enfers, & de ces tours qui ſont éleuées iuſques aux Cieux. *Omnem munitionem ridebit.* Mais ie fais tort à la plume de Iob, d'entreprendre de vous décrire ce Monstre, luy qui en a fait vn portrait excellent, & qui en auoit parfaitement conçeu l'idée, puis qu'il auoit ressenty les plus funestes effets de sa rage. En voicy quelques traits, crayonnés de sa main. Les os de ce Geant sont comme des fluttes d'airain, ou des coleurines de bronze; ses cartilages sont durs, comme des mailles ou des lames de fer; sa queüe est haute & forte, comme les cedres du Liban & lors qu'il vient à la froncer tant soit peu, elle meurtrit tout ce qu'elle rencontre; sa gorge est si profondement beante, qu'elle seroit capable d'engloutir le Iourdain ou l'Euphrate. Il n'y a point de bastion, qui soit si fort, que le rempart de ses dents; quand il respire & qu'il souffle, ce sont des tempestes

& des orages ; quand il lance ses regards sur quelque objet, ce sont des esclairs; & quand il éternuë, ce sont des foudres. Cela, MESSIEVRS, n'est point vne hyperbole ; Ce ne sont point des Phantosmes que ie vous feins ; ie ne veux point faire vne statuë, d'vne montagne : Ce sont les mesmes termes de la Sainte Escriture, qui adioute encore de plus : Qu'il n'y a point de puissance, qui soit comparable à ce Behemot; qu'il donne de la terreur à tout le monde & ne craint personne ; en vn mot, que c'est le Roy de superbe, en qui se rencontre vne force extreme, iointe auec vne extreme cruauté.

Tel est le chef de l'armée ennemie ; tel est ce Tyran & ce monstre, que Iesus-Christ a combattu, & surmonté. Il est vray qu'ayant esté autrefois si audacieux, sur la confiance de ses forces, que d'attaquer, seul à seul, le Fils de Dieu dans le desert, il fut mis laschement en fuite & en desordre: Depuis il n'a osé paroistre en camp clos auec luy, il a redouté la pesanteur de son bras, ou plûtost l'efficace de sa parole; & toutes les fois qu'il a paru en sa presence, il a esté contraint de lascher le pied & de quitter la place. Toutefois, quoi qu'il eût receu de rudes atteintes, il n'estoit pas encore délogé de son fort; Il estoit encore le Prince du monde, qu'il tenoit enuelopé dans les tenebres de l'erreur & engagé dans les fers de l'idolatrie. Il faut maintenant rompre les chaisnes de cette Tyrannie & ietter ce vieux Tyran, hors de la Citadelle, où il est si puissamment estably: Mais il ne veut point sortir, pour venir aux prises, auec vn aduersaire qui luy est si redoutable & qui l'a desia battu tant de fois. Que fait le Fils de Dieu ? Il employe la prudence contre la finesse; & comme le malin Esprit, luy a dressé des pieges vne infinité de fois par ses Suppôts, pour le surprendre; Iesus à son tour, dresse des embusches au Diable, pour l'attirer au combat & le vaincre. *Multiformis proditoris ars vt artem falleret*, afin, chante l'Eglise, que la ruse de ce fameux trompeur, fût renuersée par vne ruse contraire.

C'est pourquoy, nous trouuerons la figure de ce combat, dans la bataille que Iosuë donne au Roy de Haï ; Où ce grand conducteur des armées de Dieu, qui auoit combattu tant d'ennemis à force ouuerte, se sert d'vn stratageme en cette occasion, & dresse des embusches à ce

Tyran, où il tombe ſi malheureuſement, qu'il eſt pris tout vif & incontinent, par le commandement de Ioſuë, il eſt attaché à vne Croix, pour y ſouffrir la peine, qui eſtoit deuë à ſes crimes abominables. Ie ſçay bien, MESSIEVRS, que l'on dira d'abord que cette figure eſt defectueuſe ; que i'y prens l'actif pour le paſſif & qu'il n'y a gueres d'apparence, que ce Roy de Haï, ce Prince odieux, qui repreſente Sathan, ſoit crucifié par Ioſüé, qui eſt Ieſus-Chriſt ; Puiſque au contraire ; c'eſt Sathan qui a cloüé Ieſus-Chriſt à la Croix & que les bourreaux ne ſont que les miniſtres de ſa rage. Mais, CHRESTIENS, vn peu de patience ; vous allez voir vn admirable myſtere, qui vous fera bien aduouër ; que cette figure s'ajuſte parfaitement bien, à l'action qui ſe paſſe entre Iesus-Christ & l'Esprit de tenebres. Il est en effet surpris, par vn admirable stratageme : Il prend l'humilité de Iesus-Christ pour bassesse de courage, & quoi qu'il ait encore la souuenance de tant de merueilles qu'il luy a veu faire, il ne peut s'imaginer qu'il soit le Fils de Dieu, puis qu'il le void traitter, comme le dernier des Enfans des hommes. Ses liens & ses opprobres, luy donnent la hardiesse & la temerité d'approcher de plus pres, pour animer ses satellites à mal-faire ; & comme il void, qu'ils reüssissent apparemment dans leur dessein, il y veut mettre, par maniere de dire, la main luy mesme & joüir luy seul, de cet honneur abominable, d'auoir mis à mort Iesus-Christ. Mais voicy, miracle estrange ! qu'en mesme temps qu'il le dépoüille, pour le mettre à la Croix, en mesme temps qu'il le crucifie, en mesme temps, qu'il luy porte le dernier coup dans le cœur ; Il est dépoüillé luy mesme, de ses forces & de son Empire ; il est traisné captif, par le Fils de Dieu & enfin, comme ce Tyran de Haï, il est attaché à la Croix, pour y estre exposé aux yeux de tout le monde, *Vsque ad Vesperam*, iusques aux vespres de ce iour, de ce Soleil, qui n'aura iamais d'occident, c'est à dire, iusques à l'Eternité.

C'est le secret, MESSIEVRS, de ces mysterieuses paroles de Saint Paul, escriuant aux Colossiens : *Expolians principatus & potestates, traduxit confidenter, palam triumphans in semetipso*. L'Apostre establit Iesus-Christ sur sa Croix, comme sur vn Char de triomphe, enuironné des dépoüilles des ennemis ; & il attache les Principautez & les Puiſſances infernales, ſur le bois de la Croix, comme ſur le gibet de leurs ſupplices Immortels : Comme s'il diſoit, *Traduxit*: Ieſus-Chriſt les a mis à ſa place ; Il eſt deſcendu de la Croix, quant à luy ; il eſt aſſis à la dextre de ſon Pere, dans le Ciel ; mais quant à Sathan, il eſt eternellement attaché à ce bois funeſte & il ſert d'vn immortel trophée, aux victoires du Fils de Dieu.

Cette explication ſembleroit forcée, à ceux qui ne conſidereront pas la force du terme Grec, dont ſe ſert l'Apoſtre en cet endroit, ἐδειγμάτισε, mettant le ſimple pour le composé παρεδειγμάτισε, C'eſt à dire il les a ſuppliciés, pour ſeruir d'exemple ; & c'eſt pourquoy les Grecs appellent les punitions publiques, qui ſe font des Criminels παραδείγματα, des exemples, pour obliger les hommes à deuenir ſages, au dépens d'autruy. Auſſi l'ancienne Verſion Latine, dont on ſe ſeruoit encore dans l'Egliſe, du temps de Saint Auguſtin, ſe ſert d'vn mot groſſier à la verité, mais extrémement ſignificatif en cet endroit : *Principatus & poteſtates exemplauit ;* Il a fait ſeruir d'exemple, les Principautés & les Puiſſances des tenebres ; c'eſt à dire il les a chaſtiées & les a comme exposées, ſur ce meſme gibet & ſur la meſme Croix, qu'elles luy auoiẽt preparée.

Surquoy, il nous faut encore obſeruer vne belle doctrine de Saint Paul ; qui eſt, MESSIEVRS, que pluſieurs choſes ont eſté crucifiées auec Ieſus-Chriſt, ie veux dire, non ſeulement en ſa compagnie, comme les deux Larrons ; mais ſur ſa mesme croix & sur le mesme bois, où il a esté attaché. En premier lieu, l'Apostre nous enseigne, escriuant aux Romains; que le vieil homme, le vieil Adam y a esté crucifié. *Hoc scietis, quia vetus homo noster simul crucifixus est.* Ne vous imaginez pas seulement Iesus innocent, sur cette croix; si cela estoit, que seroit deuenuë la Iustice diuine, qui se seroit proposée la seule innocence, pour le but de ses traits & de sa colere? le vieil Adam, ce vieux pecheur, chargé de tant de crimes & de peruerses inclinations y est encore crucifié; & si le Fils de Dieu souffre le mesme supplice, ce n'est qu'en qualité de procureur, ou plûtost de caution qu'il est, de ce malheureux criminel: Il a esté fait peché, pour nous, dit ailleurs le mesme Apostre; Ce n'est donc pas merueille, si le pere

Eternel, eſt aujourd'huy ennemy de ſon Fils, & s'il le traitte auec toute la rigueur de ſa Iuſtice, puiſqu'eſtant chargé & inueſty de nos pechés de toutes parts, il ne le reconnoit plus pour ce Fils bien-aymé, qui eſt la pureté & l'innocence meſme.

En ſecond lieu, Saint Paul remarque encore vne autre piece, attachée à la croix: C'eſt, MESSIEVRS, la promeſſe, par laquelle nous eſtions obligés à Sathan; l'inſtrument public, par lequel la Nature humaine s'eſtoit engagée, par le peché dans l'eſclauage du Diable. Or le Fils de Dieu, ayant payé pour nous & nous ayant déliurés & déchargés de cette debte; a raiſonnablement arraché des mains de Sathan, cette paction infame, que nous auions faite auec luy; & pour monſtrer, qu'elle eſt maintenant inutile & de nulle valeur, il a non ſeulement effacé les traits & biffé l'eſcriture; mais il l'a attachée auec la quittance, qui eſt ſa Croix. *Delens Chirographum & affigens illud Cruci.* Et pourquoy, me direz-vous, y a t'il apporté toutes ces formalitez? Ne pouuoit-il pas la déchirer, la mettre en pieces, ou meſme la brûler, afin d'en eſteindre perpetuellement la memoire? Il a voulu, MES Freres, l'attacher à la CROIX; afin que toutes les fois, que nous iettons les yeux deſſus-elle, nous y viſſions dans l'acquit d'vne debte ſi funeſte, l'obligation eternelle, que nous luy auons, de nous auoir rachetés ſi cherement, au deſpans d'vne vie ſi precieuſe que la ſienne.

En troiſiéme lieu, Saint Paul remarque vne troiſiéme Nature, crucifiée ſur la Croix de Ieſus-Chriſt, ce sont les principautés & les puissances infernalles , dont ie vous viens de parler ; *Principatus & potestates exemplauit.* Mais toutes ces Crucifixions, sont d'vne differente sorte & pour vne fin differente. Iesus est crucifié , pour l'expiation de nos crimes ; Le vieil Adam est crucifié , afin qu'il meure au peché, & qu'il resuscite en la nouueauté de la vie. L'Obligation de nostre esclauage est crucifiée , afin de renouueller continuellement dans nostre esprit, le grand benefice de Dieu, en nostre redemption. Finalement Sathan est crucifié ; Non seulement, parce quil reçoit la peine qui est deüe à ses noires meschancetés , car en ce sens , l Enfer est sa croix ; mais encore & principalement parce que la croix du Fils de Dieu, le tient comme cloüé & attaché des pieds,

& des mains : de ſorte, que cet ennemy, qui eſtoit ſi formidable aux hommes ; qui auoit eſtably ſon Empire ſi puiſſamment, qu'il paroiſſoit inuincible, eſt maintenant foible, défait, deſarmé ; s'il luy reſte quelque force, il ne la prend que de noſtre infirmité & de nôtre foibleſſe ; s'il a encore du courage de nous nuire, il ne luy vient que de noſtre laſcheté.

Ie te ſaluë donc, ô Bois Sacré, qui es le trophée de nôtre Redemption & l'inſtrument de la défaite de nos ennemis. Ie te ſaluë, ô Arbre arrozé du Sang du Vainqueur, mais enuironné & chargé, de toutes parts, des dépoüilles des vaincus. Ie te ſaluë, ô monument adorable des victoires de ce grand Ioſué, qui par ton moyen, nous a introduits dans la terre de promeſſe, de ſa grace.

Tu ne seras plus doresnauant, vn bois funeste & maudit; Tu ne seras plus le gibet d'vn infame & redoutable supplice, si ce n'est pour Sathan. Tu seras la source des benedictions, la gloire de nos Couronnes, l'ornement de nos Autels, l'Estendart de nos armées, le symbole de Salut, la marque des fidelles, la terreur & le desespoir des demons; mais l'esperance & la consolation des ames affligées. *O Crux aue spes Vnica.*

Reste-t'il donc encore quelque ennemy, à combattre au Fils de Dieu; & apres auoir vaincu les Iuifs, & les Gentils; les Pontifes & les Rois & toutes les puissances du monde & de l'Enfer; Se trouue t'il encore quelque aduersaire, qui luy ose faire teste? Ses victoires, seront elles tousiours la source de nouueaux combats ; & la gloire de ses triomphes, obligera t'elle tousiours l'enuie, de luy susciter de nouueaux ennemis ? Ouy, MESSIEVRS, il faut qu'il combatte encore & iusqu'à tant qu'il ait terracé ce dernier Monstre qui le menace, ou plûtost, qu'il ait étouffé la derniere teste de cette hydre, qu'il a si rudement choquée aujourd'huy ; il ne peut étre pleinement victorieux, ni nous jouïr paisiblement du fruit de ses victoires. He quel est ce monstre, qui a la hardiesse d'attaquer le Fils de Dieu, voire dans le champ mesme tout sanglant, de la défaite de tant de morts ? C'est la mort mesme, CHRESTIENS, qui se presente sur l'areine, auec le visage le plus affreux, l'attirail le plus funeste, les forces les plus redoutables, dont elle ait jamais affronté les mortels:

Car elle n'est pas seule, qui veuïlle entrer en cette lice. Elle est accompagnée d'vn escadron formidable, de peines, de soûpirs, de plaintes, de desespoirs & de douleurs les plus cruelles & de circonstances les plus ameres, qu'elle ait iamais fait ressentir, à ceux sur qui elle a exercé plus de violence. Certes, quelque fard, dont on puisse flatter le portrait de la mort, on ne sçauroit luy donner vn visage agreable; & quelque art que l'on employe, pour nous appriuoiser cette ennemie mortelle du genre humain, nous ne sçaurions l'aymer; nostre nature y repugne. Toutefois, MESSIEVRS, il faut aduouër, qu'il y a des morts bien plus tolerables, & si vous voulez, bien plus douces; les vnes que les autres. Il s'en faut beaucoup, que celle, que nous appellons naturelle, ſoit ſi épouuentable, que celle qu'on nomme violente ; & entre les violentes, il y en a de ſi differentes ſortes ; que ceux, qui ſont neceſſairement obligés de mourir, ou par Iuſtice ou autrement, tiendroient à extreme faueur, le choix du genre de mort, ſi on le laiſſoit à leur diſcretion : De vray, les Empereurs Romains ont eu quelque raiſon, de faire paſſer, pour vne eſpece de clemence, la liberté qu'ils laiſſoient quelquefois aux condamnez, de choiſir telle ſorte de mort, qu'il leur venoit en fantaiſie. Mais il faut confeſſer, CHRESTIENS, que toutes les circonſtances, qui peuuent rendre la mort plus indigne, plus effroyable & plus cruelle, ſe ſont rencontrées, dedans celle que souffre aujourd'huy le Redempteur du monde, & qu'il a neaumoins courageusement surmontée.

La cause de nostre mal, nous est bien souuent, plus fascheuse, que le mal mesme ; & quand nostre affliction, nous vient de la part de ceux, dont elle nous deuoit moins arriuer, elle se redouble ; où plûtost elle s'augmente à l'infiny. Quel creuecœur au pauure Abel, de se voir massacrer par son propre frere ; à Ioseph de se voir vendu par les siens; à Isaac de se voir sacrifié par son Pere ; à Iob de se voir outragé par sa femme ; à Dauid, de se voir poursuiuy à mort, par vn fils bien aymé? Car que nos Enuieux & nos ennemis nous haïssent ; que ceux, à qui nous auons fait du mal, nous en procurent ; ce n'est pas merueille : Mais que ceux, qui nous estoient ioints, plus estroitement de sang ou d'amitié ; Que ceux, que nous auons comblés de bienfaits ; que nous auons aſſociés à noſtre lict & à noſtre table ; à qui nous auons communiqué nos plus ſecretes pensées en confidence, auec qui nous auons adoucy, tant de fois, les amertumes de cette vie ; nous trahiſſent, nous vendent, nous liurent entre les mains de nos ennemis mortels : ô douleur, plus cruelle que les ſupplices ! ô creue-cœur, que le Fils de Dieu iuge inſupportable, parlant par la bouche du Prophete. *Si inimicus meus maledixiſſet mihi, ſuſtinuiſſem vtique; Tu verò homo vnanimis, dux meus & notus meus, qui mecum dulces capiebas cibos.* Si c'eſtoit quelqu'vn de mes ennemis, quelque Phariſien, ou quelque Scribe, qui m'eût tramé cette trahiſon, ie la ſouffrirois ſans me plaindre : Mais toy, Miſerable, que i'auois admis dans mon amitié, à qui j'auois donné place dans mon conseil secret, que i'auois mis au rang de mes Apostres, à qui i'auois confié la conduite de ma famille & la dispensation de mes biens, qui viuois à ma table, où tu goustois des viandes, assaisonnées d'vne conuersation diuine, qui viens de manger, en ce dernier & mysterieux repas, la chair & le sang de mon propre corps; ô Traitre! ô perfide, tu me vends, tu me liures, entre les mains de mes cruels aduersaires.

Chose estrange, MESSIEVRS, pour monstrer, combien la trahison est abominable à Dieu & cõbien elle le doit estre aux hommes: Iesus est mené au supplice & il n'ouure pas la bouche, pour se plaindre; il prie son pere eternel, pour ses ennemis & mesme il les excuse: Mais il charge Iudas de malediction &

d'imprecations, par son Prophete. Tout le Pseaume centhuitiéme, est employé à luy crier Anatheme; il n'y a malheur, il n'y a misere, ni disgrace, dont il ne foudroye cette teste coupable. Et certes à juste raison, il a voulu la malediction; elle ne s'est point éloignée de luy; il l'a achetée à beaux deniers contents, il est raisonnable qu'il en iouïsse paisiblement. Trente maledictions (contez les biens, MESSIEVRS, elles s'y trouuent exactement) pour trente pieces d'or; commerce & change abominable & nouueau, ou il a, comme on dit, le drap & l'argent, où il possede vn pernicieux metail, & vne plus pernicieuse marchandise; ie veux dire les maledictions, en nombre, poids, & mesure, proportionnées à la qualité de son crime. Ie vois bien, MES freres, que chacun de vous, s'irrite contre ce meschant; comme de tous ceux, qui ont conspiré la mort du Fils de Dieu; il n'y en a pas vn, qui ait aigry dauantage le calice de sa passion; aussi il n'y en a pas vn, pour qui nostre haine soit plus passionnée & plus aigre, que pour ce traistre. Neaumoins il faut aduoüer, qu'il y a beaucoup d'autres particularités, qui en ont augmenté l'amertume.

La consolation adoucit nostre mort; & la pointe de la douleur s'émousse, en quelque sorte, par le discours d'vn esprit consolateur. Les anciens, pour cet effet, se sont seruis des Philosophes, & ont iugé, que si l'on auoit besoin d'vne sage femme, pour faciliter nostre naissance, quand nous venons au monde; que nous auions encore plus grand besoin, d'vn homme sage, pour

pour nous en preparer la ſortie, à l'heure de la mort. Ce ſecours, MESSIEVRS, ne fut gueres jamais refusé à perſonne; & les pluſs coupables, qui éprouuent la ſeuerité des loix, iouïſſent de ce benefice, par leur clemence: MAIS il faut aduouër, que le Chriſtianiſme, apporte vne conſolation nompareille, à ces miſerables, que l'on traiſne au lieu du ſupplice. Que dis-je à ces miſerables? Il eſt vray, MESSIEVRS, que la condition d'vn criminel, qui va perir, pour ſeruir d'exemple, dans vne place publique, eſt bien honteuſe; que l'imagination d'vne mort violente & infame, eſt bien funeſte; que les feux, le fer, les cordes & les bourreaux, ſont des noms bien abominables; qu'il n'y a point de cœur ſi dur, qui aſſiſte à ces ſpectacles, ſans fremir d'horreur, & ſans eſtre touché de pitié : Neaumoins, ie ne sçaurois appeller miserable, celui à qui ie voi vne Croix entre les mains; & qui se peut consoler, de la iuste peine, qu'il reçoit pour son peché, voyant l'innocẽt attaché à la Croix; Croix qui meslant le sang du iuste, auec celui du coupable, laue ses crimes & l'assure d'vne vie immortelle. Mais helas, ô Iesus, cette Croix, qui est maintenant si pleine de consolation, n'estoit alors, qu'vn sujet de desespoir ; ce bois precieux, qui nous est maintenant si adorable, n'estoit alors, que le but de la malediction de tout le monde. Il est toute nostre esperance, il estoit vostre supplice; il est nostre honneur, il estoit vostre infamie ; il est nostre salut, il estoit vostre perte ; bref il est l'organe de nostre vie, &il estoit l'instrument de vostre mort. En effet,

CHRESTIENS, il n'a receu cette efficace admirable, que depuis que le Fils de Dieu, y a respandu son sang & l'a consacré, par son supplice.

Il n'y a donc point pour vous, de consolation en la Croix, ô mon Sauueur, il en faut chercher ailleurs. Seront ce les Prestres, qui seront vos consolateurs ; qui par le deuoir de leur charge & par la profession, d'vne plus grande charité ; deuroient estre aux pieds de vostre Croix, pour vous donner courage & vous exhorter, à mourir constamment ? Ils y sont les cruels, pour saoûler leurs yeux du spectacle de vos peines & pour abreuuer l'ardeur de leur vengeance, du sang qui découle, de toutes les parties de vostre corps. Ils y sont, non pas pour vous consoler, mais pour vous charger, de brocards injurieux, hochant la teste insolemment : Il en a tant sauué d'autres ; qu'il se sauue luy mesme, s'il peut ; hé deuiez vous attendre autre chose, de ceux qui ont acheté vostre vie, suborné de faux témoins, incité Pilate, preferé Barrabas, persuadé le peuple, & crie les premiers ; *Crucifige*, *Crucifige*.

Seront ce les soldats & les ministres de la Iustice, qui le consoleront : Comme il s'en trouue quelquefois qui ont quelque reste d'humanité, & qui n'executent, qu'à regret, les commandemens tyranniques de leurs Maistres ? Non ; ils ont adiouté leur cruauté à celle de l'injustice ; ils ont joint la moquerie auec la peine, & les iniures piquantes auec les espines : Ils ont meslé le fiel, dans le breuuage mesme preparé, pour la derniere soif du miserable, & cette ſeule conſolation, que l'on ne pouuoit dénier à Ieſus-Chriſt par la coûtume des Iuifs, luy a eſté rauie par ces barbares.

Seront ce ſes Diſciples, qui ſeront ſes conſolateurs? Ils s'en ſont enfuis tous, laſchement; le Paſteur eſt frappé, les oüailles ſont écartées: Celuy d'entre-eux, qui paroiſſoit ſi courageux & ſi reſolu, qui auançoit des paroles ſi hardies; n'a plus de voix, que pour le renier; & s'il répand maintenant des larmes, pour lauer ſa faute, il n'a pas toutefois le courage de paroiſtre, tant il a peur, de répandre ſon ſang & ſa vie, pour ſon maiſtre.

Ie voi bien, aux pieds de ſa Croix, quelques amis à la verité, & de plus, j'y vois ſa dolente mere: Mais helas! quelle eſpece de conſolation eſt celle-cy? Outrée des pointes les plus ſenſibles ; mais quels termes aſſés funeſtes , peuuent ſuffire à l'expreſſion de ſes peines, s'ils ne ſont dictés du Saint Eſprit & prononcés par la bouche d'vn Prophete : Le cœur percé du glaiue de la douleur, elle voit, au milieu de tant de ſupplices, couler ſon propre ſang, par toutes les playes du corps de ce cher Fils : Ce Fils voit couler ce meſme ſang, par les yeux de cette Mere bien aymée, puis que les larmes ſont le vray & le pur ſang de l'ame ; & qu'il étoit l'ame & l'amour de cette mere. Ha ! CHRESTIENS, permettez moy, de n'en pas dire d'auantage ; cette meditation, qui fournit tant de belles & pieuſes pensées à ces fortes & deuotes ames, qui entretiennent l'Egliſe aujourd'huy, de la paſſion du Sauueur ; accable mon eſprit foible, m'oſte la parole & noye mon imagination, dedans vn abisme de tristesse; il suffit de vous dire; que là où l'affliction est extreme & les interests sont si proches; la part que l'on prend à la douleur, de celuy qui souffre, ne fait que l'aigrir & l'enuenimer dauantage. C'est pourquoy, le grand Saint Paul, cette ame toute teinte dans la douceur & dans la tendresse de son MAISTRE, reprenoit si iustement & neaumoins si amiablement, ceux qui regrettoient son depart & qui témoignoient vne si extreme compassion des peines, qu'il deuoit souffrir en Hierusalem, par les mains des Iuifs: *Quid facitis, flentes & affligentes cor meum?* Que pensez vous faire par vos pleurs, MES freres, sinon d'affliger mon pauure cœur; ou comme porte le Grec; que pensés vous faire, en pleurant, sinon de briser mon cœur & de m'oster le courage? En effet les larmes de ceux que nous aymons & leur compassion, abordant nostre ame, par sa partie la plus tendre, l'affoiblissent & la blessent, auec vne facilité nompareille.

N'attendez donc point, mes Freres, que Iesus-Christ reçoiue de consolation, ni de sa Mere affligée, ni de son Disciple épleuré. Qui le consolera donc? sera-ce luy mesme? par fois, nos pensées trouuent des moyens, pour nous secourir, qui sont inconnus à autruy; & nostre ame se voyant rudement attaquée, ramasse toutes ses forces au dedans, pour repousser, auec plus de fermeté, les traits de la mauuaise fortune. Tousiours ceux, qui sont abandonnés de tout le monde, ne s'abandonnent pas eux mesmes; & les exhortations, que nous nous faisons intérieurement, font bien plus d'effet, que celles que nous receuons du dehors & d'autruy ; elles ne nous sont point suspectes, ni de fraude ni de feinte. Mais l'ame du Fils de Dieu, est en vn estrange estat aujourd'huy ; la partie inferieure, qui est celle qui ressent les douleurs & les peines, est priuée (dit le Docteur Angelique, aprés Saint Iean Damascene) de l'influence, de la superieure partie de l'ame ; tellement qu'elle n'en pouuoit tirer aucun secours. Elle estoit plongée & comme noyée, dans l'Ocean de ses peines. *Repleta est malis anima mea*, mon ame est comblée d'afflictions, au Pseaume 87. Mais le plus grand de tous ces maux, ô bon Iesus, n'est-ce point de vous voir sans consolation, de la part, d'où vous la deuiez attendre & plus assurée & plus efficace ? Ie veux dire de vostre Pere eternel. De vray, c'est en celuy-là qu'estoit toute son esperance ; Mais helas ! luy maintenant, luy mesme, dis-je, le liure entre les mains de ses ennemis, ce qu'ayant fait il luy tourne le dos, comme à vn estranger & le blesse comme vn ennemy. *Dominus voluit conterere eum*, le Seigneur, dit Isaye, l'a voulu briser & le mettre comme en poudre.

Toutefois ce seroit peu de chose, s'il n'auoit fait que le frapper ; il a frappé plusieurs de ses bons seruiteurs ; soit pour les corriger, soit pour esprouuer leur constance ; mais il n'en a abandonné pas vn ; & de là il est arriué, que leurs afflictions leur ont paru legeres : Car qui est celuy qui perdroit le courage, lors que Dieu le veut secourir & l'animer à bien faire ? Mais icy, i'entends vne voix, qui m'eſpouuente & qui paroiſtra, ne pouuoir iamais eſtre ſortie de la bouche du Fils de Dieu, par ceux qui ne penetrent pas dans ce profond myſtere. *Deus Deus meus, quare me dereliquiſti?* Mon Dieu, mon Dieu, pourquoy m'auez-vous delaiſſé? Non non, MESSIEVRS, arriere l'impieté des Caluiniſtes; ce n'eſt point icy vne voix de deſeſpoir; D'ailleurs, Dieu n'a jamais abandonné Ieſus-Chriſt, il y auoit meſmes vn Dieu en Ieſus-Chriſt, dit l'Apoſtre, qui ſe reconcilioit le monde à ſoy meſme: Mais il deſcrit le piteux eſtat, où il ſe voit, priué de toute conſolation ſenſible, comme vn homme qui ſeroit abandonné de Dieu & des hommes. Il s'eſtonne toutefois bien moins, d'eſtre abandonné de ceux-cy, que de celuy-là: Les hommes ſont des hommes ; c'est à dire, ingrats & sans pitié, mes Disciples de plus sont des hommes foibles & craintifs, partant ce n'est pas merueille s'ils me delaissent : Les Iuifs sont d'eux mesmes cruels & obstinez & les Diables qui les incitent, sont de leur nature, pleins de malignité, d'enuie & de rage. Tous ceux-cy ne font que ce, à quoy leur naturel les porte ; & qu'ils le fassent tant qu'ils voudront, mon esperance n'est point aux enfans des hommes : Mais toy, ô Pere, toy qui as prononcé de ta propre bouche ; celuy-cy est mon Fils bien aymé ; Toy, de qui i'ay dit publiquement a haute voix ; c'est mon Pere qui me glorifie ; Tu ne m'as pas seulement exposé aux ignominies, aux chaisnes, aux tortures : mais encore il semble, que tu m'ayes tout à fait oublié & abandonné ? Beaucoup de tes fidelles seruiteurs, ont souffert de rudes attaques ; neaumoins dans la multitude des souffrances de leur cœur, tu ne les as point delaissés ; ton assistance a fortifié leur courage, ta consolation a soulagé leurs douleurs, ta bonté a esté si prompte à leur secours ; & maintenant tu m'abandonnes, moy qui suis ton Fils vnique, ton Fils legitime, naturel, eternel ; moy qui suis vn autre toy-mesme?

O vous Cieux & terre, comment pouuiez vous subsister, tandis que vostre Createur se complaignoit ainsi? Vous auez subsisté, il est vray; & neaumoins vous auez compaty & participé, en quelque sorte, à sa passion, tout insensibles que vous estes. La terre s'en est émeuë, elle a tremblé; ses rochers se sont fendus, ses sepulcres se sont ouuerts : les

Cieux ſe ſont couuerts de tenebres, & de deüil; & le plus bel aſtre qui nous éclaire, a retiré ſa lumiere, de peur de contempler ce triſte & eſpouuentable ſpectacle. O mes Freres, combien deuroient trembler & ſe briſer nos cœurs de roche & de pierre, à cette meditation; combien nos viſages deuroient-ils eſtre couuerts d'obſcurité & nos ames plongées dans l'abiſme de la triſteſſe? Toutes ces plaintes, toutes ces larmes, toutes ces angoiſſes mortelles, n'ont eſté que pour l'amour de nous, & n'ont autre ſource que nos crimes abominables. Le Fils de Dieu ſouffrira t'il donc ainſi pour les fautes d'autruy, ſans que nous ſoyons affligés pour nos propres pechés? O ames inſenſibles & ſans iugement, qui diſpenſez ſi mal à propos & vos joyes & vos triſteſſes: Le Fils de Dieu, pleurera-t'il ainſi, au milieu de la place publique, où il eſt crucifié, ſans que nous reſpondions au concert de ſes voix lamentables? O Enfans perdus, mal inſtruits & mal conſeillez; *Lamentauimus & non planxiſtis:* Saignera-t'il de toutes les veines de ſon corps; ſuëra-t'il ſang & eau, ſans que nous reſpandions vne ſeule larme de nos yeux? S'eſcriera-t'il ainſi lamentablement, ſous la colere de ſon pere, ſans que nous tremblions, ſous ſes tonnerres & ſes foudres? Bref les Cieux & la terre ſouffriront-ils auec luy, ſans que de miſerables mortels, veüillent rien ſouffrir pour eux meſmes, & pour auoir part aux ſoûffrances de Ieſus-Chriſt?

Ie ne vous inuite pas, CHRESTIENS, à vne vaine & inutile pitié, des peines de nôtre glorieux Sauueur ; car à quel propos ? ses tourmens sont nostre felicité, son injure a esté nostre gloire : Non, non filles de Ierusalem, ne pleurez point pour moy, mais pleurez pour vous mesmes ; ne vous affligez point sur les premices des dormans, mais sur ceux qui sont enseuelis, dans le sepulchre de leurs vieux pechés ; ne vous attristez point, pour des peines qui sont passées, pour des douleurs qui ont esté ; mais pour les nôtres propres qui eussent deu étre, & qui seront en effet, si nous ne changeons de vie & ne faisons penitence. O combien sont enormes & mortels nos pechés, qui ont coûté tant de tourmens au Fils de Dieu ? combien estoient engagées dangereusement nos ames ; puis qu'elles n'ont pû estre rachetées, par vne plus douce rançon. Ce qui a tant entrepris sur

cet

cet infiny Redempteur des hommes ; comment n'engloutira-t'il point ton ame, qui n'est que finie & pecheresse ? Si ton ame eût esté en la place de son ame, que fût elle deuenuë & que deuiendroit-elle encore à present, si la sienne n'estoit en la place de la tienne ? Ce fardeau, qui est ainsi pesant au Fils de Dieu, & qui a tiré des larmes de sang de son cœur affligé, comment n'accableroit-il point ton ame, iusqu'au plus profond des Enfers ? & certes il le fera, pecheur, si tu ne souffres auec celuy, qui a tant souffert pour toy. Va donc, ô miserable, réjouis-toy en des actions déplorables, & triomphe de tes crimes ; moque-toy des infamies & des insolences de ta ieunesse ; de tes cruautés, de ta tyrannie, de tes rapines effroyables, de tes vsures, de ton iniustice, de ton impieté & des autres abominables exercices de ton âge plus meur; tu ne sçais pas, quel est le prix d'vn peché : Mais tu l'apprendras, malheureux, quand au milieu des douleurs de la mort & de l'enfer, tu t'escriras : Mon Dieu, mon Dieu, pourquoy m'auez vous delaissé? Mais pourquoy, impie, vsurperas-tu les paroles du Fils de Dieu & demanderas-tu à ce pere Eternel; pourquoy il t'a abandonné? Il te delaisse, parce que tu l'as abandonné le premier.

Ie voi bien, Messievrs, que la representation des peines interieures & spirituelles, que le Fils de Dieu a souffertes pour nous, m'a plus arresté que ie ne pensois & qu'il me reste moins de temps, pour vous faire peser les douleurs & les tourmens exterieurs& corporels, qui font vne ſi cruelle circonſtance de ſa mort. Mais certes, ie fais conſideration, ſur ce que peu de perſonnes conſiderent ceux-là, & que tout le monde eſt capable, de regarder ceux-cy : Il n'eſt donc pas beſoin, MESSIEVRS, qu'à l'endroit où ie pretens de finir cette paſſion, ie la recommence. Il n'y a perſonne, qui ſoit ſi nouueau venu en Ieruſalem; Il n'y a point de Chreſtien, qui ſoit ſi eſtranger en ſon propre pais, qui puiſſe ignorer vne hiſtoire ſi publique, ſi connuë, ſi renommée. Nous faiſons l'apprentiſſage de noſtre haine, & pleûſt à Dieu, qu'elle s'arreſtât ſur des objets qui en ſont ſi dignes, ſur ces coupables teſtes; Iudas, les Iuifs, Caiphe, Herode, Pilate, Nous ſçauons que les vns, l'ont trahy; que les autres l'ont lié, baffoüé, moqué, foüetté; & que tous ensemble l'ont crucifié, auec vne inhumanité & vne iniustice execrable: Que si vous adioustés à cela, que les pensées de Iesus-Christ ont esté les premiers ministres de sa passion & que l'horreur de nos pechés, dont il s'estoit chargé, la colere de son pere, qu'il voyoit attizée, la preuision de ces peines futures, l'ont moins épargné que les bourreaux; puisque ceux-cy, ont peut-estre laissé quelque point sur ses membres, sans y toucher, & que ses pensées en ont tiré de tous les pores de son corps, par vne sueur sanglante; certes vous aurez fait vne image parfaite de Iesus-Christ, endurant à la Croix. Tel aussi se l'estoit imaginé le Prophete, lors qu'il l'appelle *Virum dolorum.* Tel se l'estoit aussi figuré le Psalmiste, quand il dit en sa personne, *Circumdederunt me dolores mortis*: Ie ſuis vn homme de douleurs; Il n'y a plus de place ſur mon corps, pour vne nouuelle playe. Ie ſuis inueſty de toutes parts des douleurs de la mort. A vôtre aduis, CHRESTIENS, comment eſt-il poſſible, qu'vn homme ſe démeſle d'vne ſi rude Ennemie, qui a tant d'armes differentes pour nous offenſer, & dont les traits ſont inéuitables. S'eſt-il donc trouué quelqu'vn de ces anciens Conquerans, qu'elle n'ait deffait? S'eſt il trouué quelqu'vn de ces foudres de guerre, qu'elle n'ait terracé; & pour les vaincre, a t'il fallu employer tant d'inſtrumens & de machines? Vn coup de trait a tué celuy-cy; vne dragme de plomb à renuerſé celui-là par terre; & quelque fois pour faſcher ces genereuſes ames, qui euſſent bien voulu ſortir du corps, par vne glorieuſe playe, dans vn combat ; elle les a laissés consumer à vne fieure lente, au milieu de leurs armées. Mais qu'importe ; fieure ou playe, violence ou nature ; la mort s'est tousiours renduë victorieuse de tous les hommes. Il n'y a que le seul Iesus-Christ, MESSIEVRS, qui l'a vaincuë & qui a triomphé de ce monstre, qui triomphoit de tout le monde ; & neaumoins il n'y eût iamais de mortel, qu'elle ait choqué auec de plus grandes forces, ny à qui elle ait apparu, auec vn visage plus terrible. *Circumdederunt me dolores mortis.* Tout ce qui peut rẽdre la mort plus insupportable, plus indigne, plus odieuse, a accompagné la mienne.

C'est vne chose cruelle, que d'estre trahy par ses ennemis ; mais c'est vne cruauté intolerable d'être trahy par ses amis: C'est vne chose miserable, de ſe voir entre les mains des bourreaux; mais c'eſt le comble de la miſere, de s'y voir ſans conſolation: C'eſt vne choſe honteuſe, de mourir en vn gibet, dans vne place publique; mais c'eſt le dernier degré de l'infamie, que d'y mourir, en preſence de ſes parents & de ſes compatriotes: C'eſt vne choſe bien dure, que de ſouffrir le ſupplice, meſme pour nos propres fautes; mais de le ſouffrir pour les pechés d'autruy; c'eſt vne indignité inſupportable: Enfin, MESSIEVRS, c'eſt vne choſe épouuentable que la mort; mais de voir tout âge, tout ſexe, toute qualité d'hommes, trauailler pour en faire les appreſts & employer toute la force de leur ingenieuſe cruauté, pour faire qu'vn miſerable ſe ſente mourir longtemps; c'eſt le terrible des terribles;

& toutefois c'est cette mesme mort que Iesus a soufferte & qu'il a surmontée en la souffrant.

Hé comment se peut-il faire, me direz-vous, qu'il ait vaincu la mort, puis que la mort l'a vaincu & qu'il est mort luy mesme ? Il étoit impossible, CHRESTIENS, que la mort fut autrement vaincuë par le Fils de Dieu : Car s'il se fut tiré des mains des bourreaux, comme il le pouuoit faire, s'il fust descendu de la Croix ; on eût bien dit, qu'il eust vaincu les Iuifs & les tyrans & encore, si vous voulez, les douleurs ; mais non la mort, qui n'estoit pas encore venuë. La mort est la priuation de la vie ; il falloit donc que Iesus en fût priué, deuant qu'il peût combattre la mort : Il faut que les choses soient en nature auparauant que l'on puisse agir contre elles ; &

tout de mesmes l'on ne pouuoit pas dire que l'estomach de Mithridates, fut capable de vaincre la force du poison, auparauant que d'en auoir gousté : Ainsi on n'eût peu dire, que Iesus-Christ eut surmonté la mort, s'il ne l'eût auparauant goustée. C'est le terme, dont se sert Saint Paul, pour exprimer, cette merueille. *Videmus Jesum propter passionem mortis gloria & honore coronatum, vt gratia Dei, pro omnibus gustaret mortem.* Il est vray, que les Interpretes, remarquent encore vn autre secret dans cette parole, qui fait infiniment à nôtre propos : C'est que l'Apostre, se sert expressement de ce terme, *Gustare*, pour monstrer que le Fils de Dieu, n'a pas esté la pâture de la mort, comme les autres hommes; au contraire, qu'il s'est seruy d'elle, comme d'vn fruit aigre, dont il à ſeulement vn peu gouſté, au lieu que les autres hommes l'auallent entierement : Où bien diſons encore, nous fondant ſur le diſcours du meſme Saint Paul ; il a gouſté la mort, c'eſt à dire ; il a deuoré la mort ; elle penſoit le deuorer ; & elle meſme a eſté engloutie, *Abſorpta eſt mors in Victoriam*, comme porte le Grec ; la mort a eſté engloutie, pour rendre les victoires de Ieſus-Chriſt accomplies & parfaites. Ce n'eſtoit rien, d'auoir vaincu & les Iuifs & les Gentils, & les Pontifes & les Proconſuls & les Rois ; s'il ne ſubjuguoit encore, celle qui ſurmonte toutes les puiſſances de la terre. Mais puis qu'il l'a vaincuë, nous pouuons bien dire, qu'il n'y a plus rien qui ne luy ſoit ſujet ; & que dans cette heureuſe ſubiection, nous auons recouuré pleinement noſtre liberté.

Il eſt vray, ô mon Sauueur, que cette victoire vous couſte la vie; il eſt vray, qu'elle a épuiſé iuſqu'à la derniere goutte de voſtre ſang; que vos lauriers, ſont meſlés auec les cyprés, & les chants de voſtre triomphe, ſont accompaignés de Cantiques funebres: Vous pouuiez vaincre tous ces ennemis, ſans ſueur & ſans peine & voulant ſeulement qu'ils ne fuſſent pas: Vous pouuiez demeurer aſſis à la dextre de voſtre Pere Eternel, cependant qu'il rangeroit, ſous vos pieds, tous vos aduerſaires; Et neaumoins vous auez voulu quitter ce Throſne Celeſte, pour deſcendre dans cette lice mortelle, en vous égallant, non ſeulement aux hommes; mais encore égalant vos armes, auec les diables, la mort & l'Enfer. Hé d'où vient cela, mon Dieu, que vous auez voulu ſouffrir le ſoleil, la poudre, les peines & les fatigues d'vn combat ſi laborieux, dont vous pouuiez renuerſer toute l'incommodité ſur vos ennemis? D'où vient cela, CHRESTIENS? Cela ne vient d'ailleurs que de l'extreme amour, que le Fils de Dieu a porté aux hommes. *Cum dilexiſſet ſuos; in finem dilexit eos.* Ayant vne fois reſolu de nous aymer, il nous a aymés iuſques au bout. Il n'y a point d'extremité, où l'amour puiſſe porter vne creature où le Createur ne ſe ſoit porté; Il ne s'eſt pas contenté, de tant de biens qu'il nous a fait, de tant de liberalités, qu'il a exercées ſur nous, parce qu'elles ne luy couſtoient rien. Il a voulu, que la difficulté donnât prix aux liberalités qu'il nous faiſoit. Il pouuoit nous racheter d'vne rançon extremement precieuſe, mais extremement facile, par vne ſeule goutte de ſang; mais il a cherché les peines & les eſpines, les ignominies & les ſouffrances, pour monſtrer combien nos ames luy eſtoient cheres. Hé quelle recompence de tant de ſang & de tant de fatigues? nul autre, CHRESTIENS, ſinon celle-cy; que nous ſoyons ſi heureux que de bien vſer de ſes victoires. O bonté, ô liberalité nompareille! Apres auoir receu tant de bien-faits de noſtre Redempteur; il exige pour toute retribution de noſtre part, d'en bien vſer: Il acquitte noſtre debte & nôtre obligation, de cela meſme, dont elle deuoit eſtre augmentée. Mais, ô aueuglement, ô ingratitude mortelle des hommes, qui ne voulant pas luy rendre vne reconnoiſſance, qui leur eſt ſi auantageuſe; ſe priuent du fruit des victoires du Fils de Dieu & s'en priuant, s'exposent en proye, aux fuyards mesmes de la bataille; i'appelle ainsi les Demons qui estant entierement declarés foibles, par la passion de Iesus-Christ, reprennent de nouuelles forces, par nos defauts & par nos crimes. Quoy donc faudra t'il que vostre sang ait esté respandu inutilement, ô bon Iesus, non seulement pour le regard des Iuifs, des Turcs, des Athées, qui opposent leur infidelité, à son efficace; mais encore à l'égard d'infinis, Chrestiens, qui se priuent du merite de vostre passion, par leurs pechés abominables?

O miserables & mal conseillez CHRESTIENS, Iosué a combattu, les dépoüilles sont prestes, le Iourdain est passé, Hierico abbatuë, le Roy de Haï défait, tous les Tyrans de Chanaan executés à mort ; la terre de promesse est ouuerte, ie veux dire cette terre qui ne se partage, ni par le cordeau, ni par aucune mesure ; cet heritage qui n'a point de bornes, qui ne peut estre diminué, par la multitude de ceux qui le possedent ; & nos pensées sont encore dedans l'Egypte ; nous sommes du party de Pharaon : Tandis que vous combattez pour nous, ô Iesus, ô Capitaine inuincible des armées de l'Eternel, nous sommes si miserables, que de nous ranger du costé de vos ennemis ; nous taschons de les faire reuiure & de reparer par nos crimes, vne faction que vous auez estouffée auec vôtre sang, éteinte par vos larmes.

Comment pouuez vous souffrir vne si lasche ingratitude ? Que ne tonnés vous sur ces coupables testes ;

que ne foudroyez vous ces creatures ingrates? Mais helas! que dis-je miserable pecheur que ie suis; quel zele sans science, me porte à vouloir attirer sur moy & sur mes freres, les traits de vôtre iustice; au milieu des plus doux & des plus passionnez mouuemens de vôtre clemence; de vouloir irriter vostre colere, parmi les plus tendres obiets de vostre patience; & de vous prouoquer à châtiment, le iour mesme de vos grands pardons & de vos infinies misericordes? Vsez en donc, Seigneur, enuers nous, helas il n'y a point de salut pour nous sans cette grace: Pardonnez à cette nature opiniâtre & fragile. Inspirez nous, ô mon cher Redempteur, de nous seruir des fruits de vôtre victorieuse passion, par vne penitence salutaire, nous vous en conjurons, ô doux, ô bon Iesus,

Iesus, par tous les obiets, qui vous remémorant l'idée de vostre douloureuse passion, vous mettent quant & quant, deuant les yeux, l'image de vostre gloire & de vos bien-faits immortels sur les hommes.

Par ces playes honnorables, que vous auez receuës, en combattant nos ennemis : Par cette Couronne d'espines, non plus d'espines, mais de fleurs d'eternelle durée : Par ces clouds qui vous attachant à la Croix, pour quelques heures, y ont cloüé pour vne eternité, nostre vieil Adam, la cedulle de nos fautes & les puissances de l'Enfer : Par l'ouuerture de ce costé sacré, d'où est sortie cette Eue mysterieuse, la mere des viuans ; ie veux dire l'Eglise. Par cette Croix qui n'est plus l'instrument de vostre supplice ; mais le trophée de nostre Redemption. Par ces douleurs, ces tristesses, & ces angoisses mortelles, qui sont nostre consolation & nostre ioye. Enfin, par ce cruel instant, qui separant vostre ame d'auec vostre corps, fit vostre glorieuse mort & fut l'heureux moment de nostre naissance, en la vie de la grace, que nous auons en ce monde, & en la vie de la gloire que nous esperons en l'autre.

Christo Victori Sacrum.

Prononcé à Munster en Uvestfalie le 30. Mars 1646.

FIN.

Fautes à Corriger.

Page 25. épousé, *lisez* épouse page 32. Ce triste bois, *lisez* ce Triple bois pag. 127. & n'ont presque rien, *lisez* & n'est presque rien.